일상에서 영어로 배우는 **엄마표 유치원 영어**

레지나 지음

Welcome to Mom's English Homeschool!

MAKE NOISE
A little book of SOUNDS

Can you find the RED butterfly?

COUNT FIVE
A little book of NUMBERS

노란우산

엄마도 아이도 행복해지는
엄마표 영어의 시작점이 되기를…

"자기 자식은 절대 가르치지 못한다."라고 말들 하지요? 저도 한때 그렇게 생각한 사람이었습니다. 자식에 대한 기대와 넘치는 애정 때문에 의욕이 앞선 부모와 그 기대에 부응하지 못하는 아이들. 그러다 아이와의 관계도 망치고, 교육적으로 역효과가 나는 걸 자주 봐왔기에, 내 아이는 절대로 직접 가르치지 말아야겠다는 결심 아닌 결심을 하기도 했죠.

동시통역사로 활동하기 전 저는 영어 강사였습니다. 영어 유치원에서부터 어학원, 대학 등 각종 교육기관에서 강의하면서 더욱 확고해진 생각은, 영어 공부는 어릴 때 시작하는 것이 좋다는 것과 교육은 무조건 전문 기관에 맡겨야 한다는 것이었습니다. 그러나 기관에 보낸 지 1년이 채 되지 않아 저는 이런 생각이 아주 잘못되었고, 아이의 황금기를 낭비한 거라는 깨달음을 얻었습니다. 책상에 앉아 영어를 읽고, 쓰고, 답을 맞히고, 문법에 맞는 문장을 구사해야 하는 환경에서 아이는 영어를 자신을 표현하는 수단으로 즐겁게 받아들이는 것이 아니라, 정답을 맞혀야 하는 학습 과목으로 인식했습니다. 이런 환경이 효과적일 수도 있지만, 제 아들 헨리에게는 맞지 않았습니다. 아이는 영어를 부담스러워했습니다.

영어를 좋아하고 영어로 일을 하는 저로서는 아이의 영어를 포기하기가 어려웠습니다. 저는 방법을 완전히 바꿔 보기로 했습니다. 퇴근 후 10분~20분은 아이가 정말 좋아하는 놀이를 영어로 해주었습니다. 처음에는 거부반응도 있어서 헨리는 저에게 몇 번이고 한국말로 놀자고 말하곤 했지요. 그러면 잠시 물러섰다가, 다시 영어로 신나게 놀아 주었습니다. 아이가 놀이에 몰입하게 되면 엄마가 영어를 하더라도 맥을 끊고 싶지 않기 때문에 그대로 영어 놀이에 따라와 주기 시작했습니다. 그렇게 한 달쯤 지나자 헨리는 영어 놀이에 익숙해졌고, 저는 이 놀이를 생활 영역으로 확대해 나갔습니다. 하지만 그렇다고 해서 모든 생활을 한꺼번에 영어로 바꾸지는 않았습니다. 엄마도 아이도 힘드니까요. 오늘 양치할 때 영어로 했다면 내일은 양치와 세수를 영어로 해 보게 하는 것이지요.

6개월이 지난 어느 날, 헨리는 저에게 영어로 말을 걸어왔습니다. 문장이 맞든 틀리든 상관없이, 그냥 우선 영어로 말을 하기 시작했습니다. 영어에 대한 거부감이 사라지고, 자신감이 생긴 것이지요. 이 과정을 통해 헨리도 저도 성장했습니다. 아이가 관심을 가질 만한 것들을 영어로 접하게

해 주고 싶어서 더 세밀히 살피고, 함께 시간을 보내며 아이와 저는 한결 더 가까워졌습니다.

엄마표 영어는 엄마와 아이를 성장시켜 준다는 점에서 확실한 투자가치가 있는 활동입니다. 저는 세상의 모든 아이 엄마들과 이 경험을 나누고 싶었습니다. 하지만, 모든 엄마들이 다 영어가 편안한 것은 아니므로, 그 시작점을 부담없게 만들어 드리고자 이 책을 집필했습니다.

《일상에서 영어로 배우는 엄마표 유치원 영어》는 엄마와 아이가 일상생활에서 가장 흔히 마주치게 되는 상황을 뽑아 표현을 정리한 매뉴얼과 같은 책입니다. 유치원에서 이루어지는 교육 활동들을 엄마표 영어에서도 할 수 있도록 기본 대화, 수학, 과학, 사회, 예술 활동 등 다양한 주제를 다루었습니다.

책을 끝까지 전부 다 읽고 시작하려 하지 말고, 그때 그때 필요한 상황 위주로 공부하시길 권합니다. 먼저 차례를 보고 아이와 가장 많이 반복하는 활동에 표시를 해 보세요. 예를 들어, 양치는 하루에 두 번씩 엄마와 아이가 함께 하는 활동이니 활용도가 높은 편이지요. 이처럼 활용도가 높은 표현을 먼저 읽고, 활용하고 익숙해질 때까지 반복하세요. 아이에게 70% 정도 적용이 됐다 싶으면, 다른 활동을 추가하면서 조금씩 늘려 나가면 됩니다. 책을 처음 볼 때는, 엄마와 아이의 대화문에 나오는 표현들을 중심으로 보고, 대화문의 표현들이 어느 정도 익숙해졌다 싶으면 Key Expressions의 문장들을 다양하게 활용해 보세요. '같이 보면 좋은 자료'의 영어책이나 노래, 동영상은 진도와 상관없이 언제든 아이에게 노출해 주시면 좋습니다. 노출을 통해 익숙해진 표현이니 상황을 나중에 겹히게 되면 아이가 그것을 받아들이기에 더 용이할 뿐 아니라, 원어민의 발음에도 쉽게 익숙해지기 때문입니다.

엄마표 영어라는 긴 여행길에 들어선 엄마와 아이들을 응원합니다. 여행 중 예상치 못한 변수를 만날 수도 있고, 몸과 마음이 지칠 수도 있습니다. 그건 그만큼 긴 여행이기에 당연한 거겠지요. 그럴 땐 잠시 쉬어 가서도 좋아요. 그게 엄마표 영어의 가장 큰 장점이니까요. 다만 그 과정에서 만나게 될 미처 예상치 못한 즐거움과 기쁨, 소중한 추억을 엄마와 아이들이 만끽할 수 있게 되기를 진심으로 바랍니다.

- 레지나

💜 엄마가 최고의 선생님!

01 일상생활 속에서 영어를 배워요.

엄마와 아이가 일상생활에서 흔히 마주치게 되는 상황에서
영어로 소통할 수 있도록 했어요. More Expressions에서는
엄마가 아이에게 들려줄 다양한 표현들을 익힐 수 있답니다.

02 유치원 교육 활동을 다루어요.

마치 유치원에서 배우듯, 수학, 과학, 사회, 예술, 음악,
체육, 현장 학습, 점심 시간 등 다양한 주제로
유치원 교육 활동을 영어로 할 수 있도록 했어요.

03 주요 구문과 주제별 단어를 확실히 익혀요.

Key Expressions에서 자주 사용되는 주요 구문들을
상세한 설명과 다양한 예문들로 확실히 이해할 수 있어요.
또한 Thema Vocabulary에서 활용도가 높은 단어를 추려
주제별로 정리해 아이와 함께 단어를 외우고 익히기 좋아요.

04 저자 직강 동영상을 활용해요.

책 전체 학습 내용을 강의하는 저자 동영상을 제공합니다.
휴대폰으로 QR 코드를 찍어 레지나 샘의 동영상 강의를 보며
부담없이 유치원 영어를 시작하세요.
엄마가 열심히 공부하면 아이는 더 쉽게 배울 수 있답니다.

05 세이펜과 mp3 음원을 활용해요.

세이펜 코딩이 되어 있어 원어민의 정확한 발음과 억양을
들을 수 있어요. 또한 mp3 음원을 다운로드 받아 반복해서
흘려듣기하며 영어에 노출되는 환경을 만드세요.

06 흥미롭게 영어를 접해요.

'같이 보면 좋은 자료'에서 소개하는 그림책과 영어 동요 동영상을
보는 건 진도에 상관없이 언제든 좋아요. 표현에 익숙해지고,
원어민의 발음에도 익숙해집니다.

💜 세이펜, 이렇게 활용해요!

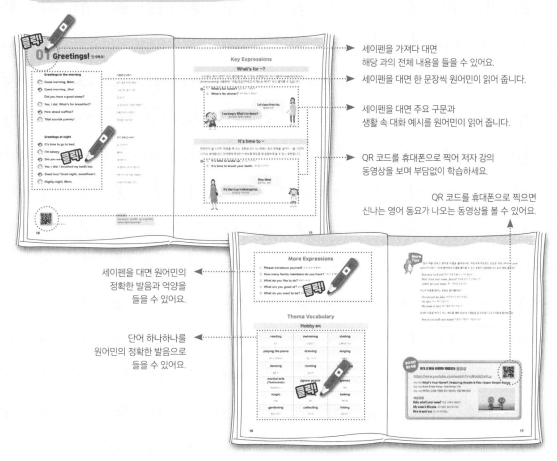

세이펜을 가져다 대면
해당 과의 전체 내용을 들을 수 있어요.

세이펜을 대면 한 문장씩 원어민이 읽어 줍니다.

세이펜을 대면 주요 구문과
생활 속 대화 예시를 원어민이 읽어 줍니다.

QR 코드를 휴대폰으로 찍어 저자 강의
동영상을 보며 부담없이 학습하세요.

QR 코드를 휴대폰으로 찍으면
신나는 영어 동요가 나오는 동영상을 볼 수 있어요.

세이펜을 대면 원어민의
정확한 발음과 억양을
들을 수 있어요.

단어 하나하나를
원어민의 정확한 발음으로
들을 수 있어요.

💜 mp3 음원 다운로드 받기

'노란우산'의 웹하드에서 다운로드 받으세요.

❶ 웹하드 www.webhard.co.kr에 접속하여
로그인한다.
아이디 : yellow 비밀번호 : book

❷ 왼쪽 메뉴에서 [노란우산음원]을 클릭한다.

❸ '일상에서 영어로 배우는 엄마표 유치원 영
어' 파일을 다운로드 받는다.
(압축되어 있으니 압축을 푼 뒤 활용한다.)

차 례

Part 1

Basic Communication
기본 대화

Key Expressions

01 · What's for ~?
It's time to ~

02 · What's your name?
How old ~?

03 · I'm ~ing
주어+be 동사+my+가족 관계

04 · I'm ~ / I feel ~
Why are you ~?

05 · Don't ~
It's ~

06 · When is ~
it's too ~ to ~

Thema Vocabulary

02 · Hobby 취미

03 · Family 가족

04 · Feeling 느낌

05 · Clothing 옷

06 · Month and Day 월과 요일

More Tips

01 · 안부 묻고 대답하기

02 · 이름 물어보기와 대답하기

03 · older, younger

04 · 기분을 나타내는 형용사

05 · put on과 wear

06 · 연도 읽기

같이 보면 좋은 자료

01 · 그림책 - Goodnight Moon

02 · 동영상 - What's Your Name?

03 · 리더스북 - My Family

04 · 그림책 - How Do You Feel?

05 · 동영상 - Let's Get Dressed Song

06 · 그림책 - Happy Birthday!

01 Greetings! 인사해요!

Greetings in the morning
아침에 인사하기

Good morning, Mom.
엄마, 좋은 아침이에요.

Good morning, Jiho!
그래 지호, 좋은 아침!

Did you have a good sleep?
잘 잤니?

Yes, I did. What's for breakfast?
네, 잘 잤어요. 아침은 뭐예요?

How about waffles?
와플은 어때?

That sounds yummy!
맛있을 것 같아요!

Greetings at night
밤에 인사하기

It's time to go to bed.
잘 시간이야.

I'm sleepy.
졸려요.

Did you wash your face?
세수했니?

Yes, I did. I brushed my teeth too.
네, 했어요. 양치도 했어요.

Good boy! Good night, sweetheart.
착하구나! 잘 자렴, 귀염둥이.

Nighty-night, Mom.
안녕히 주무세요, 엄마.

저자 강의 동영상

words
how about ~은 어때? go to bed 자다
nighty-night=good night

Key Expressions

What's for ~?

'~(으)로는 뭐가 있어?' 하고 물어볼 때 쓸 수 있는 표현입니다. for 다음에 breakfast / lunch / dinner / snack을 사용하여, "아침 / 점심 / 저녁 / 간식 메뉴는 뭐야?" 하고 물어볼 수 있습니다.

예 ① **What's for lunch?** 점심 메뉴가 뭐예요?
② **What's for dinner?** 저녁 메뉴가 뭐예요?

Let's have fried rice.
볶음밥 먹자.

I am hungry. What's for dinner?
배고파요. 저녁은 뭐예요?

It's time to ~

무엇인가 할 시간이 되었을 때 쓰는 표현입니다. to 뒤에는 동사 원형을 넣어서 '~할 시간이 다'라고 해석합니다. 아이에게 무엇인가 하도록 유도할 때 유용하게 쓸 수 있습니다.

예 ① **It's time to wake up.** 일어날 시간이야.
② **It's time to brush your teeth.** 양치할 시간이야.

Okay, Mom!
알았어요, 엄마!

It's time to go to kindergarten.
유치원 갈 시간이야!

More Expressions

1. **The sun is up. Get up.** 해님이 벌써 떴어. 일어나.

2. **Stretch hard, please.** 쭉쭉 스트레칭을 하렴.

3. **Hurry up or you'll be late.** 서둘러라, 안 그러면 늦겠다.

4. **Are you still sleepy?** 아직 졸려?

5. **Let's make the bed.** 잠자리 정리하자.

1. **Don't go to bed too late.** 너무 늦게 자면 안 돼.

2. **How did you feel today?** 오늘 기분 어땠어?

3. **Let me give you a hug.** 꼭 안아 줄게.

4. **Give me a kiss.** 엄마 뽀뽀해 줘.

5. **Sleep tight, sweetheart. Sweet dream.** 잘 자렴. 귀염둥이. 좋은 꿈 꿔.

More Tips

안부를 묻는 표현에 대해 더 배워 볼까요? 서양문화권에서는 모르는 사람이라 하더라도, 같이 엘리베이터에 타거나 눈이 마주치면 웃으면서 인사를 하고 안부도 묻습니다. 인사말과 함께 꼭 "How are you?"라는 표현이 따라 나오기 마련입니다. 그런데 사실 외국인들이 안부를 묻는 질문을 하지만, 구체적인 답변을 원하는 건 아니랍니다. 우리가 "안녕하세요?"라고 인사하면 "안녕하세요."라고 대답하는 것처럼, 간단하게 Good. Thank you. 정도로 답변해 주면 됩니다. 그럼 안부를 묻는 다양한 표현과 대답 방식을 배워 볼까요?

"어떻게 지내요?" 하고 물을 때는 How are you doing? / How's it going? / What's going on? / How have you been?(오랜만에 만난 사이) / What's up?과 같은 표현을 사용합니다. 그중에서도 what으로 시작하는 안부 인사 즉, What's up?이나 What's going on?은 직역하면 "요새 뭐 새로운 일 있어?" 혹은 "뭐 이야기할 만한 일 있어?"라는 뜻이므로, 보통 답변을 할 때는 "별일 없어!"라는 뜻으로 Nothing much!라고 대답합니다. 그렇다면, how로 시작하는 안부를 묻는 표현에 대한 답은 어떻게 하면 좋을까요?

그럭저럭 괜찮은 경우 **I'm OK / fine / good.**

아주 잘 지내는 경우 **I'm great / very good.**

그냥 좋지도 나쁘지도 않은 경우 **I'm getting by. / Not too bad.**

같이 보면 좋은 자료

인사하기와 관련한 재미있는 영어 그림책

책제목 **Goodnight Moon**　작가 **Margaret Wise Brown**
출판사 **HarperCollins**

어둠이 다가오면서 아기 토끼의 방도 어두워지기 시작해요. 아기 토끼가 잠들기 전 침대에 앉아 방 안의 모든 것들에게 "잘 자."라고 인사하네요. 대표적인 베드타임 스토리북으로서, 그림책의 고전으로 일컬어지는 이 책은, 저자의 상상력을 동화의 이미지로 잘 살려내어 아이들의 상상력을 자극해 줍니다.

핵심 표현

Good night. 잘 자.

02 Let me introduce myself!
나를 소개해요!

Hi, my name is Jiho Jang. What's your name?	안녕, 내 이름은 장지호야. 넌 이름이 뭐야?
Hey, my name is Daniel.	내 이름은 다니엘이야.
What's your family name?	네 성은 뭐니?
My family name is Jones.	내 성은 존스야.
Is that girl your sister?	저 여자아이는 네 여동생이니?
Yes, she's my sister, Jia.	응, 내 여동생 지아야.
How old is she?	여동생은 몇 살이야?
She's three years old.	세 살이야.
She's cute! Where do you live?	귀엽다! 넌 어디 살아?
I live in Rose apartment.	난 로즈 아파트에 살아.
What do you like to do?	넌 뭘 하는 것을 좋아하니?
I like to play with blocks. How about you?	나는 블록 가지고 노는 걸 좋아해. 너는 어때?
Me too. I'm good at building things.	나도야. 난 만드는 것을 잘하거든.

저자 강의 동영상

words
family name 성
be good at ~을 잘하다

Key Expressions

What's your name?

"이름이 뭐니?" 하고 상대의 이름을 물을 때 쓰는 대표적인 표현이지요. '너의', 또는 '당신의'라는 뜻의 소유격 your 대신에, 대상에 따라 다양한 소유격을 넣을 수 있습니다.

I 나 - **my** 나의	**he** 그 - **his** 그의	**she** 그녀 - **her** 그녀의
it 그것 - **its** 그것의	**we** 우리 - **our** 우리의	**they** 그들 - **their** 그들의

우리말에서는 '장지호'처럼 성을 먼저 말하고 뒤에 이름을 말하는데, 영어에서는 Daniel Jones처럼 이름을 먼저 말하고, 성을 뒤에 말합니다. 영어에서는 이름을 first name 혹은 given name이라고 하고, 성은 last name 또는 family name이라고 합니다.

예 ① **What's your family name?** 네 성은 뭐야?

② **What's your new teacher's name?** 너의 새로운 선생님 이름은 뭐야?

How old ~?

나이를 물어볼 때 쓰는 표현이에요. How old 뒤에 오는 be 동사는 주어에 따라 바뀌겠지요. 예를 들어 여자의 나이를 물을 때에는 How old is she? 상대방의 나이를 물을 때에는 How old are you?라고 말하면 된답니다.

	am	**I?**
How old	**are**	**we / they / you?**
	is	**he / she / it?**

자신의 나이를 말할 때는 I am ~ years old.라고 하면 됩니다.

예 ① **How old is Daniel?** 다니엘은 몇 살이야?

② **How old are the twins?** 그 쌍둥이는 몇 살이야?

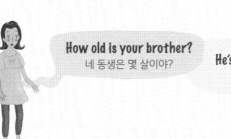

How old is your brother?
네 동생은 몇 살이야?

He's four years old.
네 살이에요.

More Expressions

① **Please introduce yourself.** 네 소개 좀 해 주렴.

② **How many family members do you have?** 가족이 몇 명이야?

③ **What do you like to do?** 취미가 뭐야?

④ **What are you good at?** 잘하는 게 뭐야?

⑤ **What do you want to be?** 장래에 뭐가 되고 싶어?

Thema Vocabulary

Hobby 취미

reading	swimming	skating
독서	수영하기	스케이트 타기
playing the piano	**drawing**	**singing**
피아노 연주하기	그림 그리기	노래하기
dancing	**running**	**exercising**
춤추기	달리기	운동하기
martial arts (Taekwondo)	**jigsaw puzzle**	**game**
무술(태권도)	직소 퍼즐	게임
magic	**cooking**	**baking**
마술	요리	베이킹
gardening	**collecting**	**hiking**
정원 가꾸기	수집	등산하기

More Tips

잠시 책 읽기를 멈추고 영어로 이름을 물어보세요. 머릿속에 떠오르는 문장은 바로 What's your name?이지요? 그런데 영어에서 이름을 물어볼 수 있는 표현은 다양하답니다. 같이 배워 볼까요?

How may I call you? 제가 어떻게 불러 드리면 될까요?
May I have your name, please? 성함을 알려 주시겠습니까?
I didn't get your name. 제가 성함을 모르네요.

자신의 이름을 말하는 표현도 알아볼까요?

You can call me Jake. 제이크라고 불러 주세요.
I'm Jake. 저는 제이크입니다.
My name is Jake. 제 이름은 제이크입니다.

상대의 이름을 적어 두거나, 메모를 해야 하는데 스펠링을 잘 모르겠다고요? 이렇게 물어보세요.

How do you spell your name? 이름의 스펠링이 어떻게 되죠?

같이 보면 좋은 자료

자기 소개와 관련한 재미있는 동영상

https://www.youtube.com/watch?v=zMdq9jSaNLg

영상 제목 **What's Your Name? | featuring Noodle & Pals | Super Simple Songs**
영상 채널 Super Simple Songs - Kids Songs 1:35
영상 내용 재미있는 노래로 이름을 묻고 대답하는 것을 배워 봐요!

핵심 표현
Hello, what's your name? 안녕, 이름이 뭐예요?
My name is Blossom. 내 이름은 블로섬이에요.
Nice to meet you. 만나서 반가워요.

03 This is my family 우리 가족이에요

Mom, what are you looking at?

엄마, 뭐 보고 있어요?

I'm looking at our old family photo.

예전 가족 사진을 보고 있어.

I want to see it too! Where am I?

나도 보고 싶어요! 나는 어디에 있어요?

You're here next to your brother.

여기 네 형 옆에 있단다.

Where's Aunt Miran?

미란 이모는 어디에 있어요?

She's behind your grandma.

할머니 뒤에 있어.

Oh! Who's the man next to her?

오! 이모 옆에 남자는 누구예요?

He's your uncle. He was very young

네 삼촌이야. 이 사진에서는 삼촌이

in this picture.

아주 어렸지.

Oh yeah! I didn't recognize him.

오 그렇네요! 못 알아봤어요.

Can you find your cousins?

사촌들 찾아볼래?

Here they are. They're making funny faces!

여기 있네요! 우스꽝스러운 얼굴을 하고 있어요!

저자 강의 동영상

Key Expressions

I'm ~ing

be 동사+~ing는 현재 진행되고 있는 동작을 묘사할 때 쓰이는 말입니다. '나는 ~을 하고 있는 중이다', '나는 ~을 하고 있다'라는 뜻으로 해석합니다.

예 ① **I'm doing the dishes.** 나는 설거지하고 있어.

② **I'm watching TV now.** 나는 지금 텔레비전 보고 있어.

I'm cleaning the room.
엄마는 방을 청소하고 있어.

What are you doing?
뭐 하고 있어요?

주어+be 동사+my+가족 관계

나의 가족 관계를 설명할 수 있는 표현입니다. 예를 들어, He is my brother.라고 표현하면, "그는 나의 남자 형제야."라는 뜻이 됩니다.

예 ① **He's my dad.** 그분은 나의 아빠야.

② **They're my aunts.** 그분들은 나의 이모(고모)들이야.

They are my grandparents.
내 조부모님이야.

Who are they?
저분들은 누구예요?

More Expressions

① **How many family members does he / she have?** 그 애는 가족이 몇 명이야?

② **Does he / she have any siblings?** 그 애는 형제가 있니?

③ **Does he / she have a sister or brother?** 그 애는 남 / 여동생이 있니?

④ **Does he / she live with his / her grandparents?** 그 애는 할머니, 할아버지와 함께 사니?

⑤ **Is his / her mom stay-at-home mom? Or does she work?**
그 애 엄마는 전업주부니? 아니면 일하시니?

Thema Vocabulary

Family 가족

father / daddy / dad	mother / mommy / mom	parents
아빠	엄마	부모
grandfather / grandpa	grandmother / grandma	grandparents
할아버지	할머니	조부모
grandchild / grandchildren	sibling	brother
손자 / 손자들	형제자매	남자 형제
sister	twins	child / children
여자 형제	쌍둥이	자녀 / 자녀들
son	daughter	aunt
아들	딸	이모, 고모, (외)숙모, 아줌마
uncle	nephew	niece
이모부, 고모부, 삼촌, 아저씨	남자 조카	여자 조카
cousin	relative	
사촌	친척	

영어에서 형, 오빠, 남동생 등의 남자 형제는 brother, 언니, 누나, 여동생 등의 여자 형제는 sister로 표현합니다. 이때, 나이가 많은 형제, 자매를 표현할 때는 앞에 older를 붙여 주면 됩니다. 또, 나보다 어린 동생을 표현할 때는 앞에 younger를 붙여 주면 됩니다.

My older brother is 10 years old. 우리 오빠는 10살이에요.

My younger sister is very cute. 내 여동생은 아주 귀여워요.

같이 보면 좋은 자료

가족에 관한 재미있는 영어 리더스북

책제목 **My Family**   작가 **Mary Rose**
출판사 **Oxford University Press**

Dolphin Readers 시리즈 중 가장 쉬운 Starter 단계의 책이에요. Dolphin Readers 시리즈는 단계별로 픽션, 논픽션으로 구성되어 있어요. 한쪽 면은 해당 주제의 이야기와 그림으로 구성되어 있고 바로 다음 페이지는 액티비티로 구성되어 있어요. 방금 전에 읽은 내용을 확인할 수 있어, 엄마표 영어 학습에 적합합니다. 내용은 초등학교 교과 과정을 기준으로 주제를 선정하고 이야기를 서술했기 때문에 초등 교과 수준의 어휘와 해당 주제에 관련된 지식을 동시에 배울 수 있어요. 주인공 메이가 집 안에 있는 자신의 가족들을 소개하고 있어요. 메이의 가족들을 함께 만나 봐요!

핵심 표현

This is my brother. 이 아이는 내 남동생이에요.

He is in the bedroom. 그는 방(침실)에 있어요.

This is my father. 이분은 우리 아빠예요.

He is in the kitchen. 아빠는 부엌에 있어요.

04 How do you feel today?
오늘 기분이 어때요?

Jiho, you look sad. What's wrong?	지호야, 슬퍼 보이는구나. 무슨 일 있어?
I'm not sad. I am scared, Mom.	슬픈 게 아니에요. 무서워요, 엄마.
Come here, Son. Why are you scared?	이리 오렴, 아들아. 왜 무서운 거야?
The window is shaking.	창문이 흔들려요.
Oh, it's the wind. The wind is blowing hard today.	오, 그건 바람이야. 바람이 오늘 세게 부네.
Are you worried?	걱정돼?
Yes, Mom.	네, 엄마.
You don't need to worry. I'll read you this book.	걱정할 필요 없어. 이 책 읽어 줄게.
It's about the wind.	바람에 관한 책이란다.
It sounds interesting! I'm excited!	재미있을 것 같아요! 기대돼요!
Was the book interesting?	책 재미있었어?
Yes, it was! I feel better now.	네, 재미있었어요! 이제 좀 나아요.

저자 강의 동영상

24

Key Expressions

I'm ~ / I feel ~

감정을 표현할 때는 I am / I'm ~이나 I feel ~을 사용하여 말할 수 있습니다. I'm 뒤에는 wonderful(매우 좋은), glad(기쁜), nice(기분 좋은)와 같은 기분을 나타내는 형용사를 넣어서 감정을 표현할 수 있습니다.

예   1   **I'm glad.** 저는 기뻐요.

     2   **I feel good / great / fantastic / wonderful today!** 오늘 기분이 좋아요!

How do you feel?
기분이 어때?

I feel wonderful!
아주 좋아요!

Why are you ~?

이 표현은 상대가 느끼는 감정의 이유를 물어볼 때 사용할 수 있습니다. 주어 뒤에 happy(행복한), worried(걱정하는), gloomy(우울한) 등 기분을 나타내는 형용사를 넣어서, 그러한 기분을 갖게 된 이유를 물을 때 씁니다.

예   1   **Why are you worried?** 왜 걱정하는 거야?

     2   **Why are you gloomy?** 왜 우울한 거야?

Why are you glad?
왜 기뻐?

I'm glad today.
오늘 기뻐요.

More Expressions

1. **How are you feeling?** 기분이 어때?

2. **I'm proud of you.** 네가 자랑스러워.

3. **You look bored.** 지루해 보이는구나.

4. **I'm in a good mood.** 난 오늘 기분이 좋아.

5. **What made you that angry?** 왜 그렇게 화가 났어?

Thema Vocabulary

Feeling 느낌

happy	sad	angry / mad / upset
행복한	슬픈	화가 난
fine / nice / great / good	**bad**	**afraid**
괜찮은 / 좋은	나쁜	두려운
confident	**interesting**	**bored**
자신감 있는	재미있는	지루한
worried	**relieved**	**nervous**
걱정하는	안심한	불안한, 긴장하는
excited	**lonely**	**surprised**
흥분된, 신난, 기대되는	외로운, 쓸쓸한	깜짝 놀란
shy	**scared**	**relaxed**
수줍은	무서운	편안한
guilty	**curious**	**jealous**
죄책감이 드는	궁금한	질투하는

기분을 나타내는 형용사는 대부분 '~한 기분을 일으키다'라는 의미를 가진 동사를 변형하여 만들어진 경우가 많습니다. 동사에 -ing를 붙이는 현재분사를 사용하면 '~한 감정을 일으키는'이라는 의미를 갖습니다. 반면에 -ed를 붙이는 과거분사를 사용하면 '~의 감정을 느끼는'이라는 뜻으로 다소 차이가 있습니다. 예를 들어, '지루하게 하다'라는 동사인 bore에 현재 분사형 -ing를 붙이면, boring '지루하게 만드는'이라는 뜻이 되고, 과거 분사형 -ed를 붙이면 '지루함을 느끼는'이라는 의미가 됩니다. 예문을 볼까요?

This movie is boring. 이 영화는 지루해요.
I'm bored. 저는 지루해요.

이런 종류의 다양한 형용사를 살펴보기로 해요.

excite 신나게 하다 – **exciting** 신나게 하는 – **excited** 신난
The story was very exciting. 그 이야기는 아주 흥미로워.
I'm excited to see you! 널 보게 되어서 무척 신나!

annoy 짜증 나게 하다 – **annoying** 짜증을 유발하는 – **annoyed** 짜증 난
Sometimes my sister can be very annoying. 가끔씩 내 여동생은 매우 짜증 나게 해.
I'm annoyed by him. 그 사람 때문에 짜증이 나.

같이 보면 좋은 자료

기분에 관한 재미있는 영어 그림책

책제목 **How Do You Feel?**   작가 **Anthony Browne**
출판사 **Walker Books**

주인공 침팬지는 여러 가지 상황에서 느끼는 다양한 감정을 하나씩 나열합니다. 지루함, 행복, 슬픔, 외로움, 화, 죄책감, 자신만만함, 부끄러움 등 아이들이 일상 속에서 경험하는 모든 감정들을 담고 있습니다. 마시막에 침팬지 친구가 우리들에게 "넌 어때?"라고 물어봐요. 우리 친구들은 뭐라고 답할까요?

핵심 표현
Sometimes I feel bored. 때로는 심심해.
Sometimes I feel very happy. 때로는 아주 행복하지.
Sometimes I feel sad. 때로는 슬퍼.
Sometimes I feel curious. 때로는 너무 궁금해.

05 Let's get dressed 옷을 입어요

Jiho, take off your pajamas now.

지호야, 이제 파자마 벗자.

Don't forget to fold them.

파자마 개는 거 잊지 마.

Okay, Mom.

알았어요, 엄마.

What do you want to wear today?

오늘 뭐 입을래?

I want to wear these red shorts.

이 빨간 반바지 입고 싶어요.

How about these blue pants? It's rainy today.

이 파란 바지는 어떠니? 오늘 비가 오거든.

All right. Give them to me.

좋아요. 그 바지 주세요.

Here you are. Can you put on the pants yourself?

여기 있어. 혼자 바지 입을 수 있겠니?

Let me try. First, my right leg goes into this hole.

해 볼게요. 우선 오른쪽 다리를 이 구멍에 넣어요.

Then, my left leg goes into the other hole.

그 다음, 왼쪽 다리를 다른 구멍에 넣어요.

Well done!

잘했어!

Now I pull the pants up.

이제 바지를 올려요.

Don't forget to zip it up.

지퍼 잠그는 거 잊지 마.

Oops!

앗!

저자 강의 동영상

words

get dressed 옷을 입다　take off 벗다
all right 좋아, 알았어　put on 입다
well done 잘했어　pull up 잡아당겨 올리다
zip up 지퍼를 올리다

Key Expressions

Don't ~

Don't ~는 '~하지 마'라고 행동의 금지를 말하는 표현이에요. Don't 뒤에 금지하는 행동의 동사를 넣으면 되겠지요.

예　①　**Don't take off your coat.** 코트를 벗지 마.

　　　②　**Don't put on that red cap.** 그 빨간 모자를 쓰지 마.

It's very cold.
너무 추워요.

Don't forget to put on your jacket.
자켓 입는 것을 잊지 마.

It's ~

날씨, 시간, 날짜 등을 말할 때는 it을 사용해서 표현합니다. 이때 주어 it은 따로 해석하지 않습니다.

예　①　**It's windy.** 바람이 부네.

　　　②　**It's spring.** 봄이네.

It's snowy today.
오늘 눈이 와.

We can make a snowman.
눈사람을 만들 수 있겠어요.

More Expressions

1. **Shall we choose clothes together?** 옷 같이 고를까?

2. **Shirt off! Out you go!** 셔츠 벗자! 쏙 나왔네!

3. **Can you raise your arms?** 팔을 들어 줄래?

4. **Can you pull down your pants?** 바지 내릴 수 있겠니?

5. **You are wearing it inside out.** 옷을 뒤집어 입었네.

Thema Vocabulary

Clothing 옷

T-shirt	pants	skirt
티셔츠	바지	치마
dress	**blouse**	**sweater**
원피스	블라우스	스웨터
undershirt	**underpants**	**sweatsuit**
러닝셔츠, 속옷	팬티	운동복
overalls	**vest**	**jacket**
멜빵바지	조끼	재킷
jumper	**overcoat**	**cap**
잠바	코트	모자, 야구모자
hat	**scarf**	**gloves**
챙모자	목도리	장갑
mittens	**shoes**	**socks**
벙어리장갑	신발	양말

'입다'의 뜻을 지닌 두 표현, put on과 wear. 어떤 차이가 있는지 알아봐요.

wear 는 옷을 입고 있는 상태를 의미합니다. 어떤 남자가 빨간 스웨터를 입고 있는 상황이라면, He's wearing a red sweater today.(그는 오늘 빨간 스웨터를 입었어.)라고 표현할 수 있습니다.

put on 은 옷을 입는 동작을 의미합니다. 즉, 빨간 스웨터를 입으려고, 머리를 끼고 팔을 넣는 행위 자체를 의미합니다. He's putting on a red sweater.(그는 빨간 스웨터를 입고 있는 중이야.)로 해석할 수 있겠지요.

put on 의 반대말은 **take off** 입니다. 그런데 만일 상대가 실내에 들어와서 코트를 벗으려고 하는데, "그냥 입고 있는 게 나을 것 같아!" 하고 말해 줄 때는 Don't take off your coat.보다는 Leave your coat on.(그냥 입고 있어.)라고 표현하는 경우가 더 많습니다.

같이 보면 좋은 자료

옷 입기와 관련한 재미있는 동영상

https://www.youtube.com/watch?v=OAVh6StYLq8

영상 제목 **Let's Get Dressed Song | Clothes Song for Kids | The Kiboomers**

영상 길이 The Kiboomers – Kids Music Channel 2:50

영상 내용 동일한 멜로디를 반복하며, 양말 신기부터, 셔츠 입기, 신발 신기, 코트 입기까지 순서대로 옷을 입는 과정을 상세하게 설명하는 노래입니다. 단순한 동사 put과 put on을 반복 사용하여, 아이들이 구문을 쉽게 익힐 수 있습니다.

핵심 표현

Everybody put your socks on. 모두 양말을 신어요.

First, you put in one foot and then put in the other foot.
먼저 한쪽 발을 넣은 다음, 다른 쪽 발을 넣어요.

06 When is your birthday?
생일이 언제예요?

Honey, I'm planning your birthday party.	아가야, 엄마가 네 생일 파티를 계획 중이야.
When is the party?	파티가 언제예요?
It's on your birthday, February 9th.	네 생일인 2월 9일이야.
Today is February 4th. Five days to go.	오늘은 2월 4일이지. 5일 남았어.
Yipee! I want to invite my best friends.	야호! 친한 친구들을 초대하고 싶어요.
Who do you want to invite?	누굴 초대하고 싶어?
I want to invite Kevin, Benjamin, Kunyul, and Chloe.	케빈, 벤저민, 건율과 클로이를 초대하고 싶어요.
I want to make invitation cards for them.	그 애들에게 줄 초대장을 만들고 싶어요.
That is a good idea.	좋은 생각이구나.
What do you want for your present?	선물은 무엇을 받고 싶어?
I would like to have a red kick scooter.	빨간색 킥보드를 가지고 싶어요.
Can I have a scooter?	킥보드를 받을 수 있을까요?
Well, I should think about it.	글쎄, 생각해 봐야겠는걸.
Why?	왜요?
Because they're too dangerous to ride.	왜냐하면 그건 타기에 너무 위험하거든.
But, Mom, I really want to have a scooter.	하지만 엄마, 나는 정말 킥보드가 갖고 싶어요.
I promise I'll ride it safely.	안전하게 타겠다고 약속해요.
Okay. Let me talk about it with your father.	알았어. 아빠와 상의해 볼게.

저자 강의 동영상

words

would like to ~하고 싶다
kick scooter 킥보드

Key Expressions

When is ~?

When is ~?는 '~이 언제야?'라는 뜻으로, 특정 이벤트나 일정이 언제인지 물어볼 때 쓰는 표현이에요.

예 ① **When is your father's birthday?** 아빠 생일이 언제야?
　　② **When is Christmas?** 크리스마스가 언제야?

When is it?
그게 언젠데?

My school vacation is coming!
방학이 다가와요!

It's too ~ to ~

It's too ~ to ~ 구문은 '~하기에는 너무 ~하다'라는 의미의 표현입니다.

예 ① **It's too difficult to ride.** 타는 것이 어려워요.
　　② **It's too late to go there.** 거기 가기에는 너무 늦었어요.

　　※ too + 형용사/부사 + to 동사원형

How do you like your dish?
요리 맛이 어때?

It's too spicy to eat.
먹기엔 너무 매워요.

More Expressions

1. **What date is your birthday?** 생일이 몇 월 며칠이야?

2. **What day is your birthday?** 생일이 무슨 요일이야?

3. **Your birthday is coming up.** 네 생일이 다가오는구나.

4. **Let's throw a surprise party!** 깜짝 파티를 열자!

5. **Ask your friends if they can come.** 친구들에게 올 수 있는지 물어보렴.

Thema Vocabulary

Month and Day 월과 요일

January	February	March
1월	2월	3월
April	**May**	**June**
4월	5월	6월
July	**August**	**September**
7월	8월	9월
October	**November**	**December**
10월	11월	12월
Monday	**Tuesday**	**Wednesday**
월요일	화요일	수요일
Thursday	**Friday**	**Saturday**
목요일	금요일	토요일
Sunday		
일요일		

연도를 말하고 읽는 법을 알아봐요.

우리나라는 만 나이를 쓰지 않기 때문에, 외국인들과 나이를 이야기하다 보면 나이가 조금 헷갈릴 때가 있어요. 그때 정확한 나이를 알고 싶다면 What year were you born in?(몇 년에 태어났나요?) 하고 물어볼 수 있습니다. 이때 답을 하려면 연도 읽는 법을 알아야겠죠?

여기에는 두 가지 방법이 있는데, 첫 번째는 보이는 그대로 읽는 경우입니다. 2000년은 two thousand, 2011년은 two thousand and eleven과 같이 읽는 것이죠. 두 번째는 좀 더 쉽게 두 자리씩 끊어서 읽기도 합니다. 2012년은 twenty twelve, 2020년은 twenty twenty라고 읽는 것이죠.

같이 보면
좋은 자료

생일과 관련한 재미있는 영어책

책제목 **Happy Birthday!**   시리즈명 **Peppa Pig**
출판사 **Ladybird Books**

페파와 조지가 엄마를 위해 생일 파티를 준비해요. 책에 있는 버튼을 누르면 생일 초에 불이 켜지고 노래가 나와요!

핵심 표현

It's Mommy Pig's birthday. 엄마 돼지의 생일이에요.

Why don't we practice singing "Happy Birthday?"
"생일 축하해요" 노래 연습하는 게 어때?

Part 2

Arts & Crafts
예술 활동

07 I want a triangle cake
나는 세모 케이크를 원해요

Jiho, let's prepare for Jia's birthday party!　지호야, 지아 생일 파티 준비하자!

Okay! What do you want me to do?　좋아요! 제가 뭘 할까요?

These are cone hats and balloons.　이것들은 고깔모자와 풍선이야.

First, put the cone hats on the table.　우선, 이 고깔모자들을 테이블에 놓아 줘.

All right. Oh, this one has a star on top.　알았어요. 오, 이건 맨 위에 별 모양이 있네요.

I like this.　전 이게 마음에 들어요.

Can you hang these round balloons on the wall?　이 동그란 풍선들을 벽에 걸어줄 수 있어?

Very good. Wow! This balloon is a big heart.　좋아요. 와! 이 풍선은 큰 하트 모양이네요.

It's pretty.　예뻐요.

Would you bring the cake?　케이크 좀 가져다줄래?

This is a square cake. Jia will love this cake.　이건 네모 모양 케이크네요. 지아가 좋아할 거예요.

I agree. She likes square things.　엄마 생각도 그래. 지아는 네모난 것들을 좋아하지.

Can you prepare a triangle cake for　다음 제 생일에는 세모 케이크를 준비해

my next birthday?　주실 수 있어요?

Don't worry. You'll have a very big and thick　걱정 마. 네 생일엔 아주 크고 두꺼운

triangle cake on your birthday.　세모 케이크를 갖게 될 거야.

Mom, you are the best!　엄마, 최고예요!

저자 강의 동영상

words

be prepare for ~을 준비하다

Key Expressions

This is ~ / These are ~

This is ~는 '이것은 ~이다'라는 뜻으로, 셀 수 없는 사물이나 하나의 사물을 가리켜 말할 때 사용됩니다. 셀 수 있는 사물이 여러 개 있는 경우에는 These are ~라는 표현을 사용하여, 대상에 대한 설명이나 묘사를 할 수 있습니다.

예   ①   **This is my seat.** 이것은 제 자리예요.

     ②   **These are candles.** 이것들은 초예요..

What's this?
이게 뭐야?

This is my school bag.
이건 제 학교 가방이에요.

Would you ~?

'~를 해 줄래?'라는 뜻입니다. 상대에게 정중히 부탁을 할 때 쓸 수 있는 표현으로, you 다음에는 동사 원형이 옵니다. 조금 더 공손하게 표현하고 싶을 때는, please를 붙여서, Would you please ~?라고 물으면 됩니다.

예   ①   **Would you carry this box?** 이 박스 좀 운반해 줄래?

     ②   **Would you please come inside?** 안으로 들어와 줄래?

Would you pass me the book?
책 좀 건네줄래?

Sure, here it is.
물론이죠, 여기 있어요.

More Expressions

1. **What shape is a hanger?** 옷걸이는 무슨 모양이지?
2. **Oval looks like an egg.** 타원형은 계란같이 생겼어.
3. **Where can you find a square?** 정사각형 모양은 어디 있을까?
4. **There are various shapes in this room.** 이 방에 여러 가지 모양이 있어.
5. **Find something round in this room.** 이 방에서 동그란 것을 찾아봐.

Thema Vocabulary

Shape 모양

circle	triangle	square
동그라미	삼각형	정사각형
rectangle	**oval**	**star**
직사각형	타원형	별
heart	**pentagon**	**hexagon**
하트	오각형	육각형
octagon	**cube**	**cylinder**
팔각형	정육면체	원통, 원기둥
sphere	**cone**	**pyramid**
구	원뿔	각뿔

숫자의 의미를 담고 있는 접두사를 몇 가지 알아볼게요.

Tri- 는 '세 개의'라는 뜻을 가지고 있습니다. **Tri+angle** 은 세 개의 각을 가지고 있다는 의미로 삼각형이고, **Tri+cycle** 은 바퀴가 세 개인 자전거란 의미로 세발자전거가 됩니다.

Penta 는 '다섯 개의'라는 뜻을 가지고 있습니다. **Penta+gon** 은 오각형을 의미합니다. **Penta+gram** 은 '다섯 개로 그리다'라는 뜻으로 별표를 뜻합니다. 다섯 개의 점을 이어서 그린 별 모양을 생각하면 될 거예요.

참고로 영어에서 the Pentagon이라고 표현하면, 미국의 워싱턴 DC에 있는 국방부 청사를 의미합니다. 건물이 오각형으로 지어졌기 때문에 펜타곤이라고 부르는데, 실제 정식 명칭은 U.S. Department of Defense입니다.

같이 보면 좋은 자료

모양에 관한 재미있는 영어 그림책

책제목 **Color Zoo** 　　작가 **Lois Ehlert**

출판사 **HarperCollins**

원, 삼각형, 사각형 등 여러 모양으로 동물원의 동물들을 구성한, 재미있고, 감각적이며, 창의적인 책이에요. 여러 도형이 모여 하나의 동물을 만들고, 페이지를 넘기면 다른 동물의 모습이 나타나는 형식으로, 감각적인 구성이 아이들의 눈길을 사로잡습니다. 보드북 버전은 영아들부터 볼 수 있어요!

핵심 표현

Shapes and colors in your zoo, lots of things that you can do.

여러분의 동물원에서 모양과 색, 할 수 있는 많은 것들.

Make some new ones for your zoo.

여러분의 동물원에 새로운 것들을 만들어요.

08 Let's color! 색칠해요!

Mom, look at this! I drew a fire truck and

a police car.

엄마, 이것 보세요. 내가 소방차와

경찰차를 그렸어요.

What a nice drawing!

정말 멋진 그림이구나!

Now, I'm going to color this drawing.

이제, 이 그림을 색칠할 거예요.

Great idea! Let me get you crayons.

좋은 생각이야. 엄마가 크레파스 가져다줄게.

Do you need watercolors too?

물감도 필요해?

Yes, please. I want to color the police car first.

네, 주세요. 경찰차 먼저 칠하고 싶어요.

What color do you want for this flashing light?

경광등은 무슨 색으로 하고 싶어?

I want red and blue.

빨강이랑 파랑으로 하고 싶어요.

Then, what color do you want for the police officer?

그럼, 경찰관은 무슨 색으로 하고 싶어?

I'll color him blue and black!

파랑이랑 검정으로 색칠할래요.

Good idea! What about this fire truck?

좋은 생각이야! 이 소방차는 어때?

I'll color it red!

빨강으로 칠할래요!

Wow! You're good at coloring.

와! 색칠을 정말 잘하는구나.

저자 강의 동영상

Key Expressions

What a ~!

What+형용사+명사로 만드는 감탄사 구문입니다. 감탄의 대상이 단수일 경우에는 What+a / an+형용사+단수명사+주어+is의 순서로, What a great idea it is!(정말 좋은 생각이야!)라고 표현할 수 있습니다. 감탄의 대상이 복수일 경우에는 What+형용사+복수명사+주어+are!의 순서로, What tall buildings they are!(정말 높은 빌딩들이네!)로 쓸 수 있습니다. 이때 뒤에 나오는 주어와 동사는 생략할 수 있습니다.

예 ① **What a cheerful man (he is)!** 그는 아주 쾌활하네!

② **What big pants (these are)!** 이 바지가 아주 크구나!

What a thoughtful boy you are!
정말 사려 깊은 아이구나!

I wrote a letter to my dad.
내가 아빠한테 편지 썼어요.

You're good at ~

You're good at ~은 상대가 잘하는 것을 인정하거나, 칭찬해 줄 때 쓸 수 있는 표현입니다. be good at은 '~을 잘하다'라는 뜻으로 해석합니다. 잘 못하는 것에 대해서 이야기할 때는, be poor at을 쓰면 됩니다.

예 ① **You're good at drawing.** 너는 그림을 잘 그리는구나.

② **You're good at writing.** 너는 글쓰기를 잘하는구나.

It's great. You're good at crafting.
멋지다. 너는 만들기를 잘하는구나.

Look, I made this clay pot.
보세요, 내가 클레이로 이 화분을 만들었어요.

More Expressions

① **What color shall we use for this?** 이건 무슨 색을 사용할까?

② **Do you need a colored pencil / a crayon?** 색연필 / 크레용이 필요하니?

③ **Color the rooster brown.** 그 닭은 갈색으로 칠하렴.

④ **You can color the picture as you like.** 원하는 대로 색칠하렴.

⑤ **Wow! You colored it nicely!** 와! 아주 잘 색칠했네!

Thema Vocabulary

Color 색깔

red	orange	yellow	green
빨간색	주황색	노란색	초록색
blue	**navy**	**purple**	**black**
파란색	남색	보라색	검은색
white	**pink**	**sky blue**	**yellow green**
하얀색	분홍색	하늘색	연두색
brown	**grey / gray**	**beige**	**ivory**
갈색	회색	베이지색	아이보리색

아이들과 사람을 색칠할 때 피부색은 뭐라고 지칭하나요? 살색? 그럼 영어로는 **skin color** 라고 말하면 될까요? 오른쪽 공익 광고 포스터에서 볼 수 있듯이, '살색'은 인종이나 문화에 따라 다양한 색이 될 수 있답니다. 또한 살색이라는 표현은 인종 차별적인 뉘앙스를 담고 있어서 이제 더 이상 권하지 않는답니다.

그렇다면 어떤 표현을 쓰면 좋을까요? 연주황색, 혹은 복숭아색을 뜻하는 **peach** 나 살구색을 뜻하는 **apricot** 을 사용하면 됩니다!

같이 보면 좋은 자료

색칠하기에 관한 재미있는 동영상

https://www.youtube.com/watch?v=4_TANGFW43k

영상 제목 **Drawing Song - Learn to Count 1-10 - LooLoo Kids Nursery Rhymes for Kids**

영상 채널 LooLoo Kids – Nursery Rhymes and Children's Songs 1:45

영상 내용 재미있는 노래를 부르면서 예쁜 그림을 그려요.

핵심 표현

I have got some crayons. 예쁜 크레용이 있어.

Let's draw something nice together. 우리 같이 멋진 그림을 그리자.

I will draw some little rabbits. 작은 토끼들을 몇 마리 그릴 거야.

We drew something nice together. 우리가 함께 멋진 그림을 그렸네.

09 Origami is fun! 종이접기는 재미있어요!

Mom, I want to do origami.
엄마, 종이접기 하고 싶어요.

That's great! What do you want to make?
좋아! 뭘 만들고 싶어?

A puppy! I want to make a puppy.
강아지요! 강아지를 만들고 싶어요.

First, fold the paper into a triangle.
우선, 종이를 세모 모양으로 접어 봐.

Like this?
이렇게요?

Good job! Then, fold it again.
잘했네! 그러고 나서, 다시 한 번 접어.

We will make small triangles.
작은 세모를 만들 거란다.

All done! What do we do next?
다 했어요! 다음은 뭘 해요?

Now, unfold it. Then, fold the corners like this.
이제, 펴 봐. 그러고 나서, 모서리를 이렇게 접어.

Oh, we have ears!
오, 귀가 만들어졌어요!

That's right. Now, you can draw eyes and a nose.
맞아. 이제 눈과 코를 그릴 수 있어.

Hurray! It's a puppy now!
만세! 이제 강아지가 됐어요!

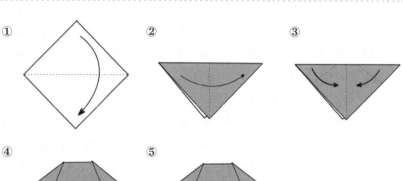

① ② ③ ④ ⑤

저자 강의
동영상

words
good job 잘했어
all done 다 했어

Key Expressions

I want to ~

'나는 ~하기를 원한다', '나는 ~ 동작을 하고 싶다'라는 생각을 말할 때 사용할 수 있는 표현입니다. 원하는 동작을 나타내는 동사를 to 다음에 넣어서 표현하면 되겠지요.

예
- ① **I want to fold this paper.** 이 종이를 접고 싶어요.
- ② **I want to use this red colored paper.** 이 빨간색 색종이를 사용하고 싶어요.

What do you want to do?
무엇을 하고 싶어?

I want to have some ice cream.
아이스크림을 먹고 싶어요.

행동을 지시하는 명령문

영어로 어떤 행동을 상대방에게 지시할 때에는 주어 없이 동사로 문장을 시작합니다. 예를 들어 "종이를 접으렴." 하고 지시할 때에는 Fold the paper.라고 하면 된답니다. 그리고 문장의 앞에 놓아 명령문으로 쓸 수 있는 동사들 중에서, 앞에 un-을 붙이면 '해당 동작을 하지 않은 상태로 다시 되돌리다'라는 의미가 되는 동사들이 있습니다. 이 동사들 역시 문장의 맨 앞에 주어 없이 놓아 명령문으로 사용할 수 있습니다.

fold 접다 / **unfold** 펴다   **fasten** 채우다 / **unfasten** 풀다   **lock** 잠그다 / **unlock** 열다

예
- ① **Fold the paper and unfold it.** 종이를 접었다가 다시 펴.
- ② **Unlock the door please.** 문을 열어 줘.

Unbutton your coat!
코트의 단추를 풀렴.

Okay.
알았어요.

More Expressions

1. **Can you make an origami frog?** 종이접기로 개구리를 만들 수 있어?

2. **You need to cut this part.** 이 부분을 잘라야 해.

3. **Make a line by folding it.** 접어서 선을 만들어.

4. **Let's flip it over.** 뒤집어 보자.

5. **You can glue / tape it.** 풀칠해서 / 테이프를 붙이면 돼.

Thema Vocabulary

Stationery 문구

colored paper	scissors	cutter
색종이	가위	칼
ball pen	**pencil**	**colored pencil**
볼펜	연필	색연필
pencil sharpener	**pencil case**	**pencil holder**
연필깎이	필통	연필꽂이
eraser	**marker**	**glue**
지우개	사인펜	풀
tape	**stapler**	**clip**
테이프	스테이플러, 호치키스	클립. 핀
sticker	**ruler**	
스티커	자	

Let's fold an origami fox! 종이접기로 여우를 만들자!

① **Fold the paper in half.** 종이를 반으로 접어요.

② **Fold along the dotted line.** 점선을 따라 접어요.

③ **Fold along the dotted line again.** 점선을 따라 다시 접어요.

④ **Turn it over.** 뒤집어요.

⑤ **Draw eyes and a nose.** 눈과 코를 그려요.

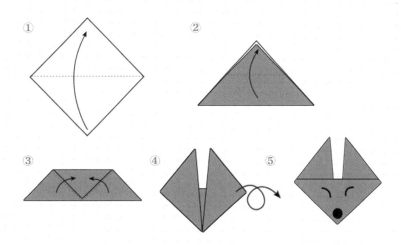

쉬운 종이접기를 알려 주는 영어 동영상

https://www.youtube.com/watch?v=djPgd1m6IMY

영상 제목 **Origami Fish Easy for Kids**

영상 채널 YTC Kids 1:52

영상 내용 영상을 보며 귀여운 물고기를 접어요.

10 Let's play with clay
클레이로 만들기 하며 놀아요

Jiho, this is clay. Let's make something cool! | 지호야, 이건 클레이야. 멋진 걸 만들어 보자!

How about a snail? | 달팽이는 어때요?

Good idea! We need two colors. | 좋은 생각이야! 두 가지 색이 필요해.

Pick one color for the body. | 몸통을 만들 색을 골라 봐.

I choose yellow for the body. | 몸통으로는 노란색이 좋겠어요.

What about the shell? | 껍데기는 어떻게 할까?

How about red? | 빨간색은 어때요?

I like that. Now, let's make the body. | 좋아. 이제, 몸통을 만들자.

First, roll this yellow clay between your hands. | 우선, 이 노란색 클레이를 손에 두고 굴려.

Make it long. | 길게 만들어.

I did it. What is next? | 했어요. 다음은 뭐예요?

Let's roll the red clay too. Make it long and thin. | 이 빨간색 클레이도 굴리자. 길고 가늘게 만들어 봐.

Like this? | 이렇게요?

Perfect! Now, let's curl this long clay up. | 훌륭해! 이제, 이 긴 클레이를 돌돌 말아 보자.

This will become the snail's shell. | 달팽이 껍데기가 될 거야.

This is fun! I finished. | 재미있어요! 끝났어요.

Should I put this on the body? | 이거 몸통에 붙이면 될까요?

Right! There you go! | 맞아! 잘했어!

저자 강의 동영상

50

Key Expressions

make it ~

'그것을 ~한 상태로 만들어 봐'라고 유도할 때 쓸 수 있는 표현입니다. 예를 들어 클레이를 '~한 상태로 만들어 봐'라고 유도할 때, 상태를 묘사하는 형용사인 long(긴), short(짧은), flat(납작한), big(큰), small(작은) 등을 make it 다음에 넣어 주면 됩니다.

예 ① **You can make it flat.** 납작하게 만들 수 있어.

② **Can you make it short?** 짧게 만들 수 있어?

This balloon is too big.
이 풍선은 너무 커요.

Let me make it small.
작게 만들어 줄게.

How about ~?

'~은 어때?' 하고 제안할 때 쓰는 표현입니다. about 다음에는 제안의 대상이 되는 명사나 동명사를 쓸 수 있습니다. 동명사는 동사에 -ing 형태를 붙인 것으로, 명사가 나올 자리에 쓰여 '~하기' 혹은 '~하는 것'으로 해석합니다.

예 ① **How about making a butterfly?** 나비를 만드는 건 어때?

② **How about black and white?** 검은색과 하얀색은 어때?

How about watching a DVD?
DVD 보는 건 어때?

All right, Mom.
좋아요, 엄마.

More Expressions

1. **Can you rub the clay like this?** 클레이를 이렇게 문지를 수 있어?
2. **Let's press it firmly.** 꼭꼭 누르자.
3. **Let's stretch the clay!** 클레이를 쫙 늘여 보렴!
4. **Use this roller and spread it.** 이 롤러를 사용해서 펴 보자.
5. **You can press this mold on the clay.** 클레이에 이 틀을 대고 눌러 봐.

Thema Vocabulary

Clay play 클레이 놀이		
clay	**colored clay**	**clay lump**
클레이, 찰흙	컬러 클레이, 색 찰흙	클레이 덩어리, 찰흙 덩어리
tool	**mix**	**knead**
도구	섞다	반죽하다
wrap	**dry**	**roll**
포장하다, 감싸다	말리다	굴리다
curl up	**bend**	**cut**
말다	구부리다	사르다
attach	**take out**	**spread**
붙이다	떼어 내다	펴다, 펼치다
press	**rub**	**pound**
누르다	문지르다, 비비다	치다, 두드리다

집에 클레이가 없다면 밀가루로 클레이를 만들어 봐요. 밀가루 클레이는 다음과 같이 만들 수 있어요.

준비물 2 cups of flour, 1 cup of salt, 2 tablespoons of vegetable oil, 1 cup of water.
(밀가루 2컵, 소금 1컵, 식물성 기름 2숟가락, 물 1컵.)

① **In a large bowl, mix the flour and salt.** 큰 그릇에 밀가루와 소금을 넣어 섞어요.

② **Add the oil then slowly add the water.** 기름을 넣고, 물을 천천히 추가해요.

③ **Stir until you get a nice clay.** 반죽이 될 때까지 저어 줘요.

같이 보면
좋은 자료

클레이 만들기를 도와줄 재미있는 동영상

https://www.youtube.com/watch?v=tlflmHfUFhE

영상 제목 **Butterfly Polymer Clay Toys Making |
How To Make Butterfly From Clay |
Clay Toys Making For Children**
영상 채널 Gelly Clay Making Toys 4:22
영상 내용 클레이를 가지고 엄마와 함께 예쁜 나비를 만들어요.

Part 3

Lunch Time
점심 시간

Key Expressions

11 · Can you ~?
　　Did you ~?
12 · Shall we ~?
　　That sounds ~
13 · Can I have ~?
　　Why don't you ~?
14 · It turns / turned ~
　　too와 so

Thema Vocabulary

11 · Bathroom 화장실
12 · Kitchen 부엌
13 · Taste 맛
14 · Fruit and Vegetable
　　과일과 채소

More Tips

11 · 소변 대변/ 화장실
12 · 팬케이크 만들기
13 · 식사 예절
14 · 과일 이름이 들어가는 관용구

같이 보면 좋은 자료

11 · 동영상 - Potty Training Song
12 · 동영상 - Cooking in the Kitchen
13 · 리더스북 - Max's Lunch
14 · 그림책 - Orange Pear Apple Bear

11 I need to go to the bathroom 화장실에 가야 해요

Mom, I want to pee. Can I go to the bathroom?   엄마, 쉬 마려워요. 화장실 가도 될까요?

Sure. Can you turn on the light by yourself?   물론이지. 혼자서 불 켤 수 있어?

I need your help.   엄마 도움이 필요해요.

Okay, dear. Can you pull down your pants?   그래, 아가야. 바지 내릴 수 있어?

Yes, I can do it by myself.   네, 혼자 할 수 있어요.

Great! Just don't forget to lift the toilet seat.   기특해라! 변기 시트 올리는 거 잊지 말아라.

I know. I'm done.   알아요. 저 다 했어요.

Good job! Did you flush?   잘했구나! 물 내렸어?

I forgot! I'll do it now.   깜박했어요! 지금 할게요.

Did you wash your hands?   손 씻었어?

Oops! I'll do it now.   앗! 지금 할게요.

Let me turn on the water for you.   엄마가 물 틀어 줄게.

Thank you, Mom!   고마워요. 엄마!

 저자 강의 동영상

words

turn on 켜다
pull down 내리다

Key Expressions

Can you ~?

Can you ~?는 '~할 수 있어?'라고 상대방에게 무언가를 할 수 있는 능력을 물을 때 사용합니다. 또한 '~을 해 주시겠어요?'라고 공손하게 요청할 때에도 쓰입니다. Can you 다음에는 동사 원형을 씁니다. 따라서 Can you turn on the light? 하고 물으면 상황에 따라 "너 불을 켤 수 있니?"라고 묻는 질문도 될 수 있고, "불을 좀 켜 주시겠어요?"라고 공손히 요청하는 표현도 될 수 있답니다.

예 ① **Can you sit on the toilet by yourself?** 혼자 변기에 앉을 수 있어?

② **Can you hand me the soap?** 비누를 좀 건네줄래?

Can you wash your hands by yourself?
혼자 손 씻을 수 있어?

Of course! That's easy.
당연하죠! 그건 쉬워요.

Did you ~?

Did you ~?는 상대방이 이미 한 행동에 대해 묻는 질문으로 '~했어?'라고 묻는 표현입니다. Did you 다음에는 동사 원형을 씁니다. Did you flush?는 "너 물 내렸어?"라는 표현이 됩니다.

예 ① **Did you knock on the door?** 노크했어?

② **Did you turn off the water?** 물 잠갔어?

Did you dry your hands?
손 말렸어?

Yes, I did.
네, 했어요.

More Expressions

1. **Do you need to poop?** 응가 마려워?

2. **Don't hold in your pee.** 오줌 참지 마.

3. **Can you rinse your hands?** 손을 헹굴 수 있어?

4. **Give me some toilet paper, please.** 휴지 좀 줘.

5. **Let me help you sit on the toilet.** 변기 위에 앉게 도와줄게.

Thema Vocabulary

Bathroom 화장실

bath	bathtub	toilet
목욕	욕조	변기
toilet paper	**soap**	**hand sanitizer**
화장지	비누	손 세정제
toothbrush	**toothpaste**	**shampoo**
칫솔	치약	샴푸
towel	**towel rack**	**bathroom sink**
수건	수건걸이	세면대
faucet	**mirror**	**stool**
수도꼭지	거울	받침대
shower	**shower curtain**	**shower booth**
샤워	샤워 커튼	샤워 부스

More Tips

소변과 대변을 뜻하는 큰 거, 작은 거라는 표현이 영어에도 있을까요?

네, 있습니다. 바로 number 1과 number 2인데요. 딱 봐도 감이 오시죠? number 1은 소변을 의미하고, number 2는 대변을 의미합니다.

I need to go to the bathroom. 나 화장실 가야 해.

Do you have to go for a number one or a number two? 큰 거 때문에 가야 해, 아님 작은 거 때문이야?

For a number 1 or a number 2? 큰 거 때문에, 아님 작은 거 때문에?

bathroom, restroom, lavatory, toilet, water closet은 모두 화장실을 의미하는 단어입니다. 같은 영어권 나라에서도 문화에 따라서 다른 단어를 사용하곤 합니다. 화장실을 가리키는 표현들에 대해 알아보도록 하겠습니다. <u>lavatory</u> 는 주로 영국에서 많이 쓰던 표현이지만, 이제는 거의 쓰지 않고 비행기 화장실을 가리킬 때 주로 사용됩니다. 영국에서 <u>bathroom</u> 은 욕조가 딸린 화장실을 뜻할 때 쓰는 말입니다. 보통 변기와 세면대만 있는 화장실은 <u>water closet</u> 이라고 부릅니다. WC 라고 표지판에 약자로 많이 쓰여 있지요. 미국과 캐나다의 북미 지역에서는 보통 욕조가 있는 화장실을 bathroom이라 하고, 일반적인 화장실을 통칭하는 말로는 <u>restroom</u> 을 씁니다. 사실 두 단어는 거의 구분 없이 사용합니다. <u>toilet</u> 이란 말은 화장실보다는 변기를 뜻하는 말이지만, 요즘에는 toilet도 restroom처럼 사용합니다. 따라서, 화장실을 표현하는 단어를 한 가지만 써야 한다면, restroom이 가장 무난합니다.

같이 보면 좋은 자료

배변 교육에 관한 재미있는 영어 노래

https://www.youtube.com/watch?v=UH2Sm0Wj3Dw

영상 제목 **Potty Training Song | CoComelon Nursery Rhymes & Kids Songs**

영상 채널 Cocomelon - Nursery Rhymes 3:17

영상 내용 아이들이 언제 화장실에 가야 하는지, 화장실에 가서 무엇을 해야 하는지 순서대로 보여 주는 영상이에요. 형이 하는 모든 행동을 따라 하고 싶어하는 동생은, 혼자서 씩씩하게 화장실에 가는 형의 모습을 따라 해 봅니다. 동생도 화장실 가기에 성공할 수 있을까요?

핵심 표현

I went to the potty. 화장실에 갔어요.

Sit on the potty. 변기에 앉으렴.

Try again later. 나중에 다시 해 보렴.

12 Let's cook together! 함께 요리해요!

Shall we prepare breakfast together?	같이 아침 식사 준비할까?
That sounds like fun! What are we going to make?	재미있을 것 같아요! 뭘 만들 거예요?
Let's make a ham and jam sandwich and cereal.	햄과 잼 샌드위치와 시리얼을 만들자.
That sounds yummy!	맛있을 것 같아요!
Shall I pour the cereal in a bowl?	제가 그릇에 시리얼을 부을까요?
Okay. I'll pour milk then. Now, shall we make	그래. 그럼 내가 우유를 부을게.
a ham and jam sandwich? We have apple jam,	이제, 햄과 잼을 넣은 샌드위치를 만들까?
two slices of bread, and a slice of ham.	사과 잼과 빵 두 장, 햄 한 장이 있어.
What should we do?	뭘 해야 해요?
First, spread jam on one side of the bread.	먼저, 빵 한 면에 잼을 발라.
You can use this butter knife.	이 버터 칼을 사용해도 돼.
Like this?	이렇게요?
Perfect! Next, put a slice of ham on it.	완벽해! 그 다음에는, 그 위에 햄을 올려.
All done. Shall I put the bread together?	다 됐어요. 빵을 포갤까요?
Sure. Now, let me cut it.	물론이지. 이제, 엄마가 잘라 줄게.
Wow, this looks tasty!	와, 이거 맛있어 보여요!

저자 강의 동영상

words
be going to ~할 것이다
put together 합치다, 한 데 모으다

Key Expressions

Shall we ~?

Shall we ~?는 상대방에게 어떤 행동을 하자고 제안하는 표현으로 Let's ~와 유사하게 사용됩니다. Shall we make a ham and jam sandwich?는 "우리 햄과 잼을 넣은 샌드위치를 만들까?" 하고 제안하는 표현입니다. Shall I ~?는 '내가 ~을 할까?'라고 좀 더 격식 있게 제안할 때 사용합니다.

예 ① **Shall we cook dinner?** 우리 저녁 식사 요리할까?

② **Shall I cut the sausage?** 내가 소시지를 자를까?

Shall we cook Kimchi Stew?
우리 김치찌개 만들까?

That sounds good!
좋아요!

That sounds ~

That sounds ~라는 표현은 '들어보니 ~할 것 같다'라는 뜻으로, 자신이 들은 것에 대한 느낌이나 반응을 표현할 때 사용합니다. 예를 들어 특정 음식에 대한 이야기를 들었는데 그 음식이 맛있을 것 같다고 느껴질 때 That sounds yummy. 라고 표현합니다.

예 ① **That sounds interesting.** 재미있을 것 같아.

② **That sounds nice.** 좋을 것 같구나.

That sounds great!
좋을 것 같구나!

Let's make pizza.
피자 만들어요.

More Expressions

1. **What do you want for breakfast?** 아침으로 무엇을 먹고 싶어?

2. **Let me add some sugar / salt.** 설탕 / 소금을 넣을게.

3. **How does it taste?** 맛이 어때?

4. **We will fry / steam / boil this.** 이것을 튀길 / 찔 / 끓일 거야.

5. **Be careful. It's hot.** 조심해. 뜨거워.

Thema Vocabulary

Kitchen 부엌

dining table	spoon	fork
식탁	숟가락	포크
chopsticks	**knife**	**cup**
젓가락	칼	컵
mug	**glass**	**bowl**
머그컵	유리잔	그릇, 사발
plate	**pot**	**kettle**
접시	냄비	주전자
frying pan	**cutting board**	**rice cooker**
프라이팬	도마	밥솥
freezer	**refrigerator**	**stove**
냉동고	냉장고	가스레인지
microwave	**kitchen sink**	**trash can**
전자레인지	싱크대	쓰레기통

More Tips

영어로 작성된 팬케이크 요리법을 참고해 아이와 함께 팬케이크를 만들며 영어로 대화해 보세요.

준비물 일러주기

- '~이 필요하다'라는 표현은 need를 사용합니다.
- '~이 이미 준비되었다'라는 표현은 have를 사용하면 됩니다.

  We need 4 eggs, 2 cups of pancake mix, and 1 cup of milk.
  계란 4개, 팬케이크 믹스 2컵, 우유 1컵이 필요해.

함께 요리하자고 제안하기

- Let's cook / make / prepare ~. '함께 ~하자'라는 표현을 사용해 보세요.
- Shall we cook / make / prepare ~? '우리 ~할까?'라고 제안할 수도 있어요.

  Let's make some pancakes. 팬케이크를 만들어 보자.

  I'm hungry. Shall we make pancakes together? 배가 고프네. 같이 팬케이크를 만들어 볼까?

요리하기

- 재료를 넣고 추가할 때는 put in, add(넣다, 첨가하다)라는 표현을 사용합니다.

  Let's put the pancake mix into a bowl. 그릇에 팬케이크 가루를 넣자.

  Now, add milk and eggs. 이제, 계란과 우유를 넣어.

- 재료들을 섞을 때에는 mix(섞다)라는 표현을 사용합니다.

  Let's mix it well. 잘 섞자.

요리하기에 관한 재미있는 영어 노래

https://www.youtube.com/watch?v=qpYD_nCo-AU

영상 제목 Cooking in the Kitchen - Kids Song - Pretend Play Cooking with Fun Food for Kids
영상 채널 Bounce Patrol – Kids Songs 2:58
영상 내용 주방에서 요리하는 것은 너무나 재미있어요! 맛있는 저녁 요리를 해요!

핵심 표현

Cooking in the kitchen is so much fun.
부엌에서 요리하는 건 재미있어요!

We are cooking dinner for everyone.
모두를 위해 저녁을 만들 거예요.

Stir it! 저어요!

Let's make cookies. 쿠키를 만듭시다.

13 It's time for lunch

점심 먹을 시간이에요

I'm hungry, Mom. 　　엄마, 배고파요.

Your lunch is ready. Come and have a seat. 　　점심 준비 다 됐어. 와서 앉거라.

Oh, this is my favorite dish! 　　오, 이건 내가 가장 좋아하는 요리네요!

I love pork cutlets! 　　난 돈가스 좋아해요!

Be careful, honey. They're still hot. 　　조심해, 아가야. 아직 뜨거워.

Mom, can you please cut it for me? 　　엄마, 좀 잘라 주실 수 있어요?

Of course. Let me cut it for you. Now, they're 　　물론이지. 엄마가 잘라 줄게. 이제, 먹기

good to eat. Sit nicely and help yourself. 　　좋네. 잘 앉아서 마음껏 먹으렴.

Thank you. Can I have some water please? 　　감사해요. 물 좀 주실래요?

Here you are. Make sure you finish your vegetables. 　　여기 있어. 채소도 다 먹어야 한다.

I don't like vegetables. They are yucky. 　　난 채소 좋아하지 않아요. 맛이 없어요.

Why don't you try? They are good for you. 　　한번 먹어 보는 게 어때? 몸에 좋은 거야.

Okay. I'll try. 　　알겠어요. 먹어 볼게요.

Good boy! 　　착하구나!

저자 강의 동영상

words

have a seat 자리에 앉다　pork cutlet 돈가스
of course 물론, 당연히　help yourself 많이 먹어

Key Expressions

Can I have ~?

'나에게 ~을 줄래?' 하고 상대에게 부탁할 때 쓰는 표현입니다. 영어권 국가에서는 식당이나, 커피숍에서 주문을 할 때도 Can I have ~?나 Can I get ~?이라는 표현을 자주 사용합니다. 물이 필요할 때는 Can I have some water?라고 말하면 됩니다.

예 ① **Can I have some snacks?** 간식 좀 주시겠어요?

② **Can I have a piece of cake?** 케이크 한 조각 주시겠어요?

Can I have some more milk?
우유를 좀 더 주시겠어요?

Okay.
알았다.

Why don't you ~?

상대에게 '~하는 것이 어떨까?' 하고 부드럽게 제안하는 표현입니다. Why don't you 뒤에 동사 원형을 넣어서 문장을 완성합니다. Why don't you try?라고 하면 "한번 해 보는 게 어때?" 즉, "한번 해 봐."라고 제안하는 표현이 됩니다.

예 ① **Why don't you have breakfast now?** 지금 아침 먹는 게 어때?

② **Why don't you wait for others?** 다른 사람들을 기다려 주는 것이 어떨까?

Why don't you sit next to me?
내 옆에 앉는 게 어때?

That's a good idea.
좋은 생각이에요.

More Expressions

1. **Don't be so picky!** 편식하지 마.
2. **Help yourself!** 마음껏 먹어!
3. **Enjoy your meal! / Bon appétit!** 맛있게 먹어!
4. **Chew well.** 꼭꼭 씹어.
5. **Eat slowly and don't rush.** 서두르지 말고 천천히 먹으렴.

Thema Vocabulary

Taste 맛

sweet	sour	salty
단	신	짠
hot / spicy	**bitter**	**greasy**
매운	쓴	기름진, 느끼한
bland	**chewy**	**fishy**
싱거운	쫄깃한	비린
yummy / tasty / delicious	**mild**	**burnt**
맛있는	순한	탄 맛이 나는
nutty	**yucky**	
견과류 맛이 나는	맛없는	

식사는 음식을 먹는 행위일 뿐 아니라 타인과 교류하는 자리입니다. 한번 형성된 식사 습관은 쉽게 고쳐지지 않기 때문에 어릴 때부터 올바른 식사 예절 교육이 필요하지요. 외국에서는 어떤 식사 예절을 가르치는지 함께 알아볼까요?

① **Come to the table with his/her hands and face clean.**
식사를 할 때는 항상 손과 얼굴을 깨끗이 합니다.

② **Remember BMW for the table setting.**
테이블 세팅을 할 때에는 BMW를 기억하도록 합니다. BMW는 Bread, Meal, and Water(빵, 식사, 물)를 뜻합니다. 빵은 왼쪽, 식사가 될 메인 요리는 가운데, 물은 오른쪽에 놔두는 것을 의미합니다.

③ **Wait until everyone is served before eating.**
모든 사람이 음식을 받기 전까지 먼저 식사를 하지 않습니다.

④ **Never, ever chew with your mouth open.**
절대로 입을 벌리고 음식물을 씹지 않습니다.

⑤ **Never stuff your mouth/face.**
한 번에 많은 양의 음식을 입에 넣지 않습니다.

⑥ **Always pick up your plate and say thank you.**
항상 식사를 마친 접시를 싱크대에 가져다주고, "감사합니다."라고 인사합니다.

같이 보면 좋은 자료

점심 식사와 관련한 재미있는 영어 리더스북

책제목 **Max's Lunch** 작가 **Rosemary Wells**
출판사 **Penguin Group USA**

점심 식사가 너무 기대되는 귀여운 동생 맥스! 그런데 점심이 사라졌어요! 루비의 도움으로, 사라진 점심 식사를 찾을 수 있을까요?

핵심 표현

Max's lunch is not in his cubby. 장에 있던 맥스의 점심이 없어졌어요.
Where is my lunch? 내 점심이 어디에 있죠?
It's gone away. 사라졌어요.
Max looks under the table and chairs. 맥스는 책상과 의자 밑을 보아요.

14 I like fruits 나는 과일을 좋아해요

Mom, I want some tangerines. 엄마, 귤 먹고 싶어요.

I'm sorry, but we don't have tangerines. 미안한데, 귤은 없어.

Tangerines are for the winter. It's summer now. 귤은 겨울에 나와. 지금은 여름이잖아.

We have peaches and kiwis instead. 대신 복숭아와 키위가 있어.

Do you want some? 먹고 싶어?

Only peaches, please. I don't like kiwis. 복숭아만 주세요. 난 키위 안 좋아해요.

They are too sour. 너무 시거든요.

Let me peel this peach for you. 이 복숭아 껍질을 까 줄게.

Oh, this peach is bruised. 오, 이 복숭아는 멍이 들었네.

Yes, it turned brown. 네, 갈색으로 변했어요.

Let me get another one. This one is ripe just right! 다른 걸 가져올게. 이건 딱 맞게 잘 익었다!

It smells so sweet! Mom, I have an idea! 달콤한 냄새가 나요! 엄마, 좋은 생각이 있어요!

Why don't we make a fruit salad? 우리 과일 샐러드 만드는 게 어때요?

Okay! Then, we'll need some vegetables too. 좋아! 그럼, 우리 채소도 필요하겠다.

We have lettuce and cucumbers. 양상추랑 오이가 있네.

I found some yogurt in the refrigerator. 냉장고에서 요거트도 찾았어요.

Good! We can put them all together and 좋아! 같이 다 넣고

make a tasty fruit salad. 맛있는 과일 샐러드를 만들 수 있어.

 저자 강의 동영상

Key Expressions

It turns ~ / It turned ~

turn은 동사로서 '돌다, 회전하다'라는 뜻이 있습니다. 그런데 형용사와 함께 사용해 '~ 상 태로 변하다'라는 의미로 쓸 수도 있어요. turns는 현재시제이고 turned는 과거시제로, It turned brown.이라고 하면 "그것은 갈색으로 변했어."라는 뜻이 되지요. 또한 turn 뒤에 into+명사를 넣어 '~으로 변하다'라고 표현할 수도 있습니다.

예　① **The tomatoes turned red.** 토마토가 빨갛게 변했어.

　　② **The sky is turning gray.** 하늘이 회색으로 변하고 있어.

The rain is turning into snow.
비가 눈으로 변하고 있어.

Yes, but we still need an umbrella.
네, 그래도 여전히 우산이 필요해요.

too와 so

too와 so는 형용사와 함께 사용하여, 정도나 강도를 설명해 주는 부사입니다. too의 경우에 는 '너무나', '과도하게'라는 부정적인 뉘앙스를 가집니다. 반면에 so를 붙이면 긍정적인 뉘앙 스를 띠게 되며, 형용사와 함께 쓰여 '매우', '정말로'라는 의미로 해석될 수 있습니다.

예　① **This apple is too hard.** 이 사과는 너무 딱딱해.

　　② **These tomatoes are so fresh.** 이 토마토들은 정말 신선해.

They're too sour. Can you eat them?
너무 시어. 먹을 수 있어?

Mom, I want some plums.
엄마, 자두 먹고 싶어요.

More Expressions

1. **I'll peel it off.** 내가 껍질을 벗길게.

2. **The apples are ripe.** 사과가 잘 익었어!

3. **This banana went bad.** 이 바나나는 상했어.

4. **Try smelling this fruit.** 이 과일 냄새를 맡아 보렴.

5. **Fruits and vegetables are good for our health.** 과일과 채소는 건강에 좋아.

Thema Vocabulary

Fruit and Vegetable 과일과 채소

apple	pear	grapes
사과	배	포도
strawberry	banana	peach
딸기	바나나	복숭아
tangerine	watermelon	persimmon
귤	수박	감
plum	carrot	tomato
자두	당근	토마토
cabbage	radish	cucumber
양배추	무	오이
zucchini	potato	sweet potato
호박	감자	고구마
onion	spinach	corn
양파	시금치	옥수수

More Tips

과일이 들어가는 영어 관용구(idiom)에 대해 알아볼까요?

사과가 들어가는 표현

"사과 같은 내 얼굴, 예쁘기도 하지요~." 이 동요의 가사처럼, 사과는 예쁜 과일을 지칭하는 대명사로 여겨집니다. 영어에서도 비슷한 맥락으로 사용되는 관용어가 있답니다. 바로 the apple of one's eye라는 표현인데, '눈에 넣어도 아프지 않다'의 의미로 사용됩니다.

My daughter is the apple of my eye. 우리 딸은 눈에 넣어도 아프지 않아요.

바나나가 들어가는 표현

banana는 매우 흥분한 상태를 나타내는 표현입니다. 아주 기쁘거나, 혹은 아주 화가 많이 난 감정의 상태를 묘사할 때 쓰입니다. go bananas라고 하면 너무 흥분해서 주체를 못 하는 상태를 표현한 것으로, 캐주얼한 표현이므로 격식을 차려서 말해야 할 때는 사용하지 않는 것이 좋습니다.

I went bananas when I won first prize. 1등을 했을 때 나는 너무 좋아서 정신이 나갈 지경이었어요.

복숭아가 들어가는 표현

복숭아는 모두가 좋아하는 과일이죠? 영어에서도 peach라는 표현은 아주 멋지거나, 좋은 사람 혹은 물건을 가리킬 때 사용됩니다. 이렇게 사용해 보세요!

You're a peach! 넌 정말 멋져!

같이 보면 좋은 자료

과일에 관한 재미있는 영어 그림책

책제목 **Orange Pear Apple Bear** 작가 **Emily Gravett**
출판사 **Little Simon**

오디오 CD가 포함되어 있는 책으로, 영유아기 아이들에게는 흘려듣기 용도로, 조금 더 큰 아이들에게는 직접 그림을 보며 읽기 연습용으로 다양하게 활용할 수 있는 책이에요. Orange, Pear, Apple, Bear라는 단어에 There이라는 단어를 더해 다섯 단어로 재치 있게 이야기가 전개됩니다.

핵심 표현

Orange bear. 주황색 곰
Pear, bear 배, 곰

Part 4

Science
과학

Key Expressions

Thema Vocabulary

More Tips

같이 보면 좋은 자료

15 What can you do with your body? 몸으로 무엇을 할 수 있나요?

I made this monster doll for your puppet show. | 네 인형극에 쓰라고 엄마가 이 괴물 인형을 만들었어.

It looks just like me. It has two arms, legs, and feet. | 나랑 꼭 같아 보여요. 팔, 다리, 발이 두 개씩 있네요.

You can move its fingers and toes. | 손가락과 발가락을 움직일 수 있어.

Try moving this puppet. Do you need help with it? | 이 인형을 한번 움직여 봐. 도움이 필요해?

Yes, please. This puppet can wiggle | 네, 도와주세요. 이 인형은 손가락과 발가락을

its fingers and toes. | 꿈틀꿈틀 움직일 수 있네요.

Try moving its arms too. You can bend its elbow. | 팔도 움직여 보렴. 팔꿈치를 굽힐 수 있어.

It can fold its arms. What can its legs do? | 팔짱을 낄 수 있어요. 다리는 무엇을 할 수 있어요?

It can kneel down. Try bending its knees. | 무릎을 꿇을 수 있어. 무릎을 구부려 보렴.

It moves just like me. I can bend my knees | 나하고 똑같이 움직여요. 이 인형처럼

like this puppet. | 무릎을 구부릴 수 있어요.

There is more. Put your hand inside it and | 그게 다가 아니야. 인형 안에 손을 넣고,

move its mouth. | 입을 움직여 보렴.

Its mouth is moving. It can talk and smile. | 입이 움직여요. 말도 하고 웃을 수도 있어요.

It can swallow many things too. | 또 많은 것을 삼킬 수도 있지.

What can it eat? | 뭘 먹을 수 있어요?

Let's see. What about Jiho's bottom? Roar! | 어디 보자. 지호의 엉덩이는 어떨까? 어흥!

No way! | 절대로 안 돼요!

저자 강의 동영상

words

puppet show 인형극   kneel down 무릎 꿇다
no way 안 돼

74

Key Expressions

Try ~ing

Try ~ing는 상대방에게 어떤 행동을 한번 시도해 보라고 권유할 때 쓰는 표현입니다. Try는 '노력하다'라는 뜻과 함께 '~을 써 보거나 해 보다'라는 의미가 있는데, '~하는 것을 노력하다'라고 말할 때에는 'try+to 부정사'로 표현하고, '~해 보다'라고 말할 때는 'try+동명사'로 표현합니다.

예 　1　 **Try turning the doll's head.** 인형의 머리를 돌려 봐.

　2　 **Try drinking this tea.** 이 차를 마셔 봐.

Try using the green one.
초록색을 써 봐.

This red pen doesn't work.
이 빨간 펜이 안 나와요.

Do you need help with ~?

상대가 도움이 필요한지 여부를 파악하기 위해 사용할 수 있는 표현입니다. 구체적으로 도움이 필요한 대상을 지목하여 말할 때 do you need 다음에 with 명사를 써서 '~에 대한 도움이 필요하니?'라고 질문합니다.

예 　1　 **Let's clean up. Do you need help with your toys?**
청소하자. 장난감 정리에 도움이 필요하니?

　2　 **Do you need help with your bag?** 가방 들어 줄까?

Do you need help with your books?
책 드는 거 도와줄까?

These books are so heavy.
이 책들이 꽤 무겁네요.

More Expressions

1. **How many fingers do you have?** 손가락이 몇 개야?

2. **Point to your nose.** 코를 가리켜 봐.

3. **Shake your arms like this.** 이렇게 팔을 흔들어 봐.

4. **Wiggle your fingers.** 손가락을 꼼지락꼼지락 움직여 봐.

5. **We can tickle each other.** 서로를 간지럽힐 수 있어.

Thema Vocabulary

Body 몸

head	hair	eye
머리	머리카락	눈
nose	ear	mouth
코	귀	입
lip	tooth	shoulder
입술	이	어깨
chest	waist	tummy
가슴	허리	배
back	bottom	arm
등	엉덩이	팔
hand	finger	leg
손	손가락	다리
knee	foot	toe
무릎	발	발가락

"머리 어깨 무릎 발 무릎 발~."

이 노래는 유치원에서 꼭 배우는 노래로 한국뿐 아니라 영미권에서도 몸에 대해 배울 때 자주 사용되는 노래입니다. 아래의 가사를 익히고, 아이들과 몸을 짚어 가며 영어로 Head and Shoulders, Knees and Toes 노래를 불러 보세요.

<Head and Shoulders, Knees and Toes>

Head, shoulders, knees and toes, knees and toes. 머리, 어깨, 무릎, 발가락, 무릎, 발가락

Head, shoulders, knees and toes, knees and toes. 머리, 어깨, 무릎, 발가락, 무릎, 발가락

And eyes and ears and mouth and nose. 눈과 귀와 입과 코

Head, shoulders, knees and toes, knees and toes. 머리, 어깨, 무릎, 발가락, 무릎, 발가락

(같은 가사가 4번 반복됩니다.)

같이 보면 좋은 자료

몸에 관한 재미있는 영어 노래

https://www.youtube.com/watch?v=yRNXfe9-aWo

영상 제목 **My Body Song | CoComelon Nursery Rhymes & Kids Songs**

영상 채널 Cocomelon – Nursery Rhymes 4:37

영상 내용 친구들이 모여 앉아 자신의 몸의 부분들을 소개해요.

각 부분들로 무엇을 할 수 있을까요? 함께 배워 봐요!

핵심 표현

I love my body the way it is. 나는 내 몸 있는 그대로를 사랑해요.

These are my eyes, my favorite thing.

내 눈이에요. 내가 가장 좋아하는 부분이죠.

What I love is when they are reading.

내가 가장 좋아하는 건 내 눈이 책을 읽을 때예요.

16 What is your favorite season? 가장 좋아하는 계절이 뭐예요?

Today is a perfect spring day. | 오늘은 완벽한 봄날이구나.

It's warm and sunny. | 날씨가 따뜻하고 햇볕이 좋네.

I agree. There are many beautiful flowers. | 맞아요. 예쁜 꽃이 많네요.

Cherry blossoms bloomed too. | 벚꽃도 피었어요.

Yes. I love spring flowers. | 그래. 엄마는 봄 꽃을 좋아해.

I like spring. | 나는 봄을 좋아해요.

But it's not my favorite season. | 하지만 가장 좋아하는 계절은 아니에요.

What is your favorite season? | 가장 좋아하는 계절은 뭐야?

My favorite season is winter. | 가장 좋아하는 계절은 겨울이에요.

Really? It's too cold. | 정말? 너무 춥잖아.

Why do you like winter most? | 왜 겨울을 가장 좋아해?

Because I can play with snow and go sledding. | 눈을 가지고 놀 수 있고, 썰매를 타러 갈 수도

What about you, Mom? | 있으니까요. 엄마는 어때요?

My favorite season is summer. | 내가 가장 좋아하는 계절은 여름이야.

Why do you like summer? | 왜 여름을 좋아해요?

I can go swimming because it's hot. | 날씨가 더워서 수영하러 갈 수 있기 때문이지.

I see! I like playing in the water too. | 그렇군요. 저도 물에서 노는 걸 좋아해요.

저자 강의 동영상

words
cherry blossom 벚꽃

Key Expressions

What is your favorite ~?

favorite은 '마음에 드는, 매우 좋아하는'이라는 뜻으로, What is your favorite ~?은 상대가 가장 좋아하는 것이 무엇인지 물어보는 표현입니다.

예 ① **What is your favorite animal?** 가장 좋아하는 동물은 뭐야?

② **What is your favorite summer sport?**
가장 좋아하는 여름 스포츠는 뭐야?

My favorite book is *Puppies*.
제가 가장 좋아하는 책은 "Puppies"예요.

What is your favorite book?
가장 좋아하는 책은 뭐야?

What about ~?

What about ~?은 사람 / 사물을 나타내는 말을 넣어서 '~는 어때?'라고 묻는 의미로도 쓰이고, 동작을 나타내는 말과 함께 '~하는 건 어때?'라고 제안을 하는 표현으로도 쓰입니다. 이때 동작을 나타내는 말은 동사에 -ing를 더한 동명사 형태로 제시됩니다. What about ~?은 제안을 한다는 점에서 How about ~?과 매우 비슷하지만, 미묘한 뉘앙스 차이가 있습니다. What about ~?은 상대가 꺼낸 제안에 대해, 역으로 다른 제안을 할 때도 사용됩니다.

예 ① **I love dogs. What about you?** 나는 개를 좋아해. 너는 어때?

② **What about going to a movie?** 영화 보러 가는 건 어때?

What about going to the park?
공원에 가는 건 어때?

Let's go outside.
밖으로 나가요.

More Expressions

1. **What's the weather like? / How's the weather?** 날씨가 어때?
2. **It's raining heavily.** 비가 많이 내리네.
3. **It's humid and stuffy.** 날씨가 후텁지근하네.
4. **You're sweating.** 땀을 많이 흘리네.
5. **What do we need on rainy days?** 비 오는 날에는 뭐가 필요하지?

Thema Vocabulary

Weather 날씨

sunny	rainy	hot	cold
맑은	비 오는	더운	추운
warm	**cool**	**snowy**	**windy**
따뜻한	시원한	눈 오는	바람 부는
cloudy	**foggy**	**chilly**	**dry**
구름 낀	안개 낀	쌀쌀한	건조한
humid	**damp**	**freezing**	**icy**
습한	눅눅한	몹시 추운	얼음처럼 찬
boiling	**muggy**	**thundering**	**lightning**
푹푹 찌는	후텁지근한	천둥 치는	번개, 번개 같은

More Tips

비 오는 날을 좋아하세요? 우리말에서 '비'는 "비 온 뒤에 땅이 굳어진다.", "비 맞은 장닭 같다." 등의 속담에서 보듯이 어려움이나 고난을 의미하는 표현으로 많이 쓰이죠.

영어에도 rain을 활용한 표현이 많이 있습니다. rain이 들어간 표현들을 살펴보도록 할까요?

첫 번째 표현은 **take a rain check**로 '다음을 기약하다', '다음으로 미루다'라는 뜻입니다. 이 표현은 야구장에서 유래된 것인데, 비가 와서 경기가 다음으로 미루어졌을 때, 해당 경기의 표를 산 사람들에게 다음 경기를 볼 수 있는 rain check를 써 주었다고 해요. 그래서 take a rain check라고 한다면, 다음을 기약하겠다는 의미가 됩니다.

두 번째 표현은 바로 **for a rainy day** 입니다. 어떤 표현일지 감이 오시나요? '언제 있을지 모르는, 어려운 때' 혹은 '만약'을 의미하는 겁니다.

I'm saving money for a rainy day. 혹시 몰라서 저축하고 있어.

'비'에 대한 정서가 우리말과 비슷하게 쓰이는 표현이네요!

같이 보면 좋은 자료

날씨에 관한 재미있는 영어 노래

https://www.youtube.com/watch?v=I8GeA3anPdo

영상 제목 **How's the Weather Song**
영상 채널 Maple Leaf Learning 1:43
영상 내용 오늘 날씨가 어때요? 노래로 날씨를 묻고 대답해 봐요!

핵심 표현

How's the weather? 날씨가 어때요?
It's sunny. 맑아요.
It's rainy. 비가 와요.

17 I love baby animals
아기 동물들이 좋아요

Jiho, what animal do you want to see first? | 지호야, 어떤 동물을 먼저 보고 싶어?

I hope to see the lions. | 사자를 보고 싶어요.

Can we go to the safari first? | 사파리 먼저 가도 될까요?

Sure, do you see the lion with the mane? | 물론이지, 저기 갈기 있는 사자가 보여?

That's a male lion. | 저 사자는 수사자야.

It looks cool. Some lions do not have a mane. | 멋져 보여요. 어떤 사자들은 갈기가 없네요.

Yes, they're female lions. | 그래, 그 사자들은 암사자야.

They're licking their babies. How cute they are! | 새끼들을 핥아 주고 있어요. 정말 귀여워요!

Baby lions are called cubs. They're small now, | 새끼 사자들은 cub라고 해. 지금은 작지만,

but they'll become fierce hunters. | 무서운 사냥꾼이 될 거란다.

They eat meat like wolves and foxes. | 사자들도 늑대와 여우처럼 고기를 좋아해.

Do all big animals like meat? | 큰 동물들은 다 고기를 좋아하나요?

No, look at horses and cows. | 아니, 말과 소를 보렴.

They're big but they eat only plants. | 몸집은 크지만 풀만 먹지.

I got it. Look! That baby horse is eating hay. | 알겠어요. 보세요! 저 새끼 말이 건초를 먹고 있어요.

Yes, we call baby horses foals. | 그래, 새끼 말은 망아지라고 불러.

Oh, I see. Then, what do we call a baby cow? | 오, 그렇군요. 그렇다면, 새끼 소는 뭐라고 불러요?

It's a calf. | 송아지야.

 저자 강의 동영상

82

Key Expressions

I hope to ~

I hope to ~는 본인의 바람 혹은 희망 사항을 상대에게 이야기할 때 쓸 수 있는 표현으로 '나는 ~하기를 바란다'로 해석합니다. to 다음에는 바라던 바를 동사 원형으로 제시하면 됩니다.

예 　①　**I hope to meet you soon.** 곧 만나기를 바라요.

　　②　**I hope to visit my friend's house.** 나는 내 친구네 집을 방문하기를 바라요.

What can I do for you?
뭘 해 줄까?

I hope to watch cartoons.
만화영화를 보길 바라요.

What do we call ~?

What do we call ~?은 '~은 뭐라고 부르니?'라는 뜻으로 상대에게 대상의 명칭을 물어볼 때 쓸 수 있는 표현입니다. 문장 뒤에 in English를 붙이면 '~는 영어로 뭐라고 해?'라는 표현이 됩니다.

예 　①　**What do we call a baby cow?** 새끼 소는 뭐라고 할까?

　　②　**What do we call this in English?** 이것은 영어로 뭐라고 할까?

What do we call this animal?
이 동물은 뭐라고 할까?

This is an iguana.
이건 이구아나예요.

More Expressions

1. **What do elephants live on?** 코끼리들은 무엇을 먹고 살까?

2. **The zookeeper feeds the animals.** 동물원 사육사가 동물들에게 밥을 주네.

3. **Kangaroos live on plants.** 캥거루들은 풀을 먹고 살아.

4. **Bears sleep during winter. They hibernate.** 곰들은 겨울 동안 잠을 자. 동면을 하는 거야.

5. **Amphibians like frogs live in water and on land.**
   개구리 같은 양서류는 물속과 땅 위에서 살 수 있어.

Thema Vocabulary

Animal 동물

dog	cat	cow
개	고양이	소
horse	**pig**	**rabbit**
말	돼지	토끼
monkey	**crocodile**	**tiger**
원숭이	악어	호랑이
bear	**wolf**	**fox**
곰	늑대	여우
raccoon	**deer**	**squirrel**
너구리	사슴	다람쥐
frog	**snake**	**lion**
개구리	뱀	사자
zebra	**giraffe**	**hippo**
얼룩말	기린	하마

동물원을 방문하기 전에, 지켜야 할 규칙을 알아봐요.

① Obey the instructions of the zoo staff.
동물원 관리자의 안내를 잘 따라요.

② Do not shout or listen to loud music.
소리를 지르거나 시끄러운 음악을 듣지 마세요.

③ Do not feed the animals.
동물들에게 먹이를 주지 마세요.

④ Place all litter in the proper trash can.
모든 쓰레기는 정해진 쓰레기 통에 버려요.

⑤ Do not cross the fence or railing.
울타리나 난간을 넘지 마세요.

⑥ Do not throw or drop anything into the cages.
동물 우리 안으로 물건을 던지거나, 떨어뜨리지 마세요.

⑦ Do not stick your fingers or any other body part through the fence.
손가락이나 신체 일부를 울타리 안으로 넣지 마세요.

같이 보면 좋은 자료

동물에 관한 재미있는 영어 그림책

책제목 **Dear Zoo** 작가 **Rod Campbell**
출판사 **Little Simon**

동물원에 동물을 보내 달라고 편지를 썼어요. 드디어 동물원에서 보낸 상자가 도착했네요! 상자 안에는 이떤 동물들이 들어 있을까요? 책을 읽으며 농불원에 사는 동물들의 이름과 특징을 배워 봐요.

핵심 표현

I wrote to the zoo to send me a pet.
나는 동물원에 애완동물을 보내 달라고 편지를 썼어요.

They sent me an elephant. 그들은 나에게 코끼리를 보내 줬어요.

He was too big. 코끼리는 너무 컸어요.

I sent him back. 나는 코끼리를 돌려 보냈어요.

18 Some birds can't fly

어떤 새는 날지 못해요

Mom, look! There are penguins.

엄마, 보세요! 펭귄들이 있어요.

Wow, penguins are my favorite birds.

와, 펭귄은 엄마가 가장 좋아하는 새야.

Are penguins birds? They can't fly.

펭귄이 새예요? 날 수 없는데요.

Well, some birds do not fly. Hens, ostriches,

음, 어떤 새들은 날지 않아. 암탉, 타조,

and peacocks are birds, but they can't fly.

그리고 공작은 새이지만 날지 못해.

How can you tell what animal is a bird?

어떤 동물이 새인지 어떻게 구분할 수 있어요?

Birds have two legs, two wings, and one beak.

새들은 두 개의 다리와, 날개 그리고 하나의

Also, they lay eggs.

부리를 가지고 있어. 또한, 알을 낳지.

Oh, right. Penguins have wings and lay eggs.

오, 맞아요. 펭귄은 날개가 있고 알을 낳죠.

Correct. They also have two legs and a beak.

맞아. 펭귄도 두 다리와 부리 하나를 가지고 있지.

Penguins eat fish. Do other birds eat fish?

펭귄은 물고기를 먹어요. 다른 새도 물고기를 먹어요?

Pelicans and eagles also like to eat fish.

펠리컨과 독수리도 물고기 먹는 것을 좋아해.

However, some birds eat seeds, fruits, or insects.

하지만, 어떤 새는 씨앗, 과일 혹은 곤충을 먹어.

Like sparrows and pigeons?

참새나 비둘기처럼요?

You're a smart boy.

아주 똑똑하구나!

저자 강의 동영상

Key Expressions

There is / are ~

There is / are ~ 구문은 사람이나 사물의 존재를 말할 때 사용되는 표현입니다. there는 원래 '거기에, 거기에서'라는 의미로 사용될 때도 있지만, There is / are ~ 구문에서 there는 따로 해석을 하지 않는답니다. There is 다음에는 단수 명사가, are 다음에는 복수 명사가 옵니다.

예 ① **There is a big pigeon.** 큰 비둘기가 있어.

② **There are many birds.** 새들이 많아.

There are some good books.
좋은 책들이 몇 권 있단다.

How can you know about birds?
새에 대해 어떻게 알 수 있어요?

How can you tell ~?

'How can you tell+의문사+주어+동사?' 혹은 'How can you tell +명사?'는 '~이 ~인지 어떻게 알아?' 혹은 '~을 어떻게 구분해?' 하고 상황에 대해 좀 더 구체적으로 질문할 때 사용할 수 있습니다.

예 ① **How can you tell the difference?** 그 차이를 어떻게 알아?

② **How can you tell when spring begins?** 봄이 언제 시작하는지 어떻게 알아?

You look cold, Mom.
엄마, 추워 보여요.

How can you tell?
어떻게 알아?

More Expressions

1. **Not all birds can fly.** 모든 새가 날 수 있는 건 아니야.

2. **Birds build their nests with tree branches.** 새들은 나뭇가지로 둥지를 지어.

3. **The hen sits on eggs.** 암탉이 알을 품고 있어.

4. **Birds are pecking with their beaks.** 새들이 부리로 쪼고 있어.

5. **The little chick is going to hatch.** 작은 병아리가 알을 깨고 나올 거야.

Thema Vocabulary

Bird 새

chicken	duck	goose
닭	오리	거위
sparrow	**pigeon**	**swan**
참새	비둘기	백조
parrot	**owl**	**eagle**
앵무새	올빼미	독수리
swallow	**magpie**	**crow**
제비	까치	까마귀
cuckoo	**woodpecker**	**hawk**
뻐꾸기	딱따구리	매
ostrich	**penguin**	**peacock**
타조	펭귄	공작

새 소리는 영어로 어떻게 표현할까요?

참새처럼 작은 새가 짹짹하고 지저귀는 소리는 tweet tweet 혹은 chirp 라고 표현해요.

뻐꾸기의 뻐꾹뻐꾹 소리는 뻐꾸기(cuckoo)라는 이름 그대로 cuckoo cuckoo 로 표현합니다.

몸집이 조금 있는 새가 큰 소리로 깍깍하는 소리는 squawk squawk 입니다.

꼬끼오 꼬꼬라는 수탉의 우렁찬 울음소리는 cock-a-doodle-doo 라고 하지요.

삑삑 혹은 삐약삐약 하는 새의 소리는 peep peep 이라고 표현합니다.

우리말과 소리 묘사가 매우 비슷한 새 울음소리도 있어요.

오리가 꽥꽥하는 소리는 우리말과 매우 비슷한 소리인 quack quack 으로,

비둘기의 구구구 소리는 coo coo coo 라고 표현합니다.

같이 보면 좋은 자료

새와 관련한 재미있는 **영어 리더스북**

책제목 **Just a Baby Bird**   작가 **Mercer Mayer**
출판사 **HarperCollins**

리틀 크리터와 동생이 뒷마당에서 엄마를 잃은 아기새를 발견했어요. 아기새의 둥지를 찾아주려 하지만, 어디에도 없네요. 아기새가 혼자 날 수 있을 때까지 가족들이 힘께 새를 돌보기로 했어요. 아기새는 무사히 돌아갈 수 있을까요?

핵심 표현

Where is the mama bird? 어미새는 어디에 있지요?

Let's find the nest. 둥지를 찾아봐요.

The baby bird peeps and peeps. 새가 삑삑 하고 소리를 내요.

I built a birdhouse. 새집을 지었어요.

19 I can plant a seed
나는 씨앗을 심을 수 있어요

Jiho, let's plant seeds in our garden.	지호야, 마당에 씨앗을 심자꾸나.
Yay! That sounds like a lot of fun.	야호! 무척 재미있을 것 같아요.
I enjoy gardening.	저는 정원 가꾸는 것을 좋아해요.
Which seed do you want to plant?	어떤 씨앗을 심고 싶어?
I read *Jack and the Beanstalk* yesterday.	어제 "Jack and the Beanstalk"를 읽었어요.
I want to plant beans like Jack.	잭처럼 콩을 심고 싶어요.
These are bean seeds.	이게 콩 씨앗이란다.
Wonderful! Let me scoop the soil. I made a hole.	멋져요! 제가 흙을 팔게요. 구멍을 팠어요.
Good. You need to water the soil.	잘했어. 흙에 물을 줘야 해.
Use this spray bottle.	이 분무기를 이용하렴.
Spray, spray, and spray. Is it enough?	칙 칙 칙. 이 정도면 충분해요?
Yes. Now you can put this seed in the hole and cover it with soil.	그래. 이제 이 씨앗을 구멍에 넣고, 흙으로 덮어 줘.
I'm on it. When will it come out?	제가 할게요. 싹이 언제 나올까요?
The sprout will come out in 5 to 6 days.	싹은 5-6일 안에 나올 거야.
I can't wait.	무척 기대돼요!

 저자 강의 동영상

words
a lot of 많은   spray bottle 분무기
come out 나오다, 피다

Key Expressions

I enjoy ~ing

I enjoy ~ing는 '나는 ~하는 것을 즐긴다' 혹은 '나는 ~하는 것을 좋아한다'라는 뜻의 표현입니다. 자신의 취미를 말하거나, 평소에 경험해 본 것 중에서 좋아하는 것을 말할 때 쓸 수 있는 표현입니다.

예
1. **I enjoy drawing.** 나는 그림 그리는 것을 좋아해요.
2. **I enjoy playing board games.** 나는 보드게임 하는 것을 좋아해요.

What's your hobby?
취미가 뭐야?

I enjoy reading books.
책 읽는 것을 즐겨요.

Which ~ do you want?

Which ~ do you want?는 '어떤 ~을 원해?'라는 뜻입니다. which는 '어느 것'이라는 뜻으로, 막연하게 '무엇'을 묻는 what과는 달리, 여러 가지 중에서 한 가지를 선택하여 답변을 할 수 있도록 유도할 때 사용합니다.

예
1. **Which flower do you want?** 어떤 꽃을 원해?
2. **Which pet do you want?** 어떤 애완동물을 원해?

Which movie do you want?
어떤 영화를 원해?

I feel like watching a movie.
영화 보고 싶어요.

More Expressions

1. **We are going to plant seeds.** 씨앗을 심을 거야.

2. **How do seeds grow?** 씨앗이 어떻게 자랄까?

3. **The flower is blooming.** 꽃이 피고 있어.

4. **It takes seven days to sprout.** 싹이 트는 데 7일 걸려.

5. **Place the flowerpot near the window.** 화분을 창문 근처에 두렴.

Thema Vocabulary

Tree and Flower 나무와 꽃

maple	pine	oak
단풍나무	소나무	참나무
bamboo	**palm**	**willow**
대나무	야자수	버드나무
ginkgo	**fir**	**grass**
은행나무	전나무	잔디
cactus	**rose**	**sunflower**
선인장	장미	해바라기
lily	**dandelion**	**morning glory**
백합	민들레	나팔꽃
cosmos	**tulip**	**violet**
코스모스	튤립	제비꽃
marigold	**magnolia**	**orchid**
금잔화	목련	난

씨앗의 발아 관찰하기 식물을 길러 보는 것은 아이들의 관찰력과 자존감을 키워 주는 데 도움이 됩니다. 아이들과 함께 씨앗을 심고 발아 과정을 관찰해 보세요.

① Fill the jar with a small amount of water. 유리병에 물을 약간 넣어요.
② Fold kitchen roll and place it in the jar. 키친타월을 접어서 병 안에 넣어요.
③ Place the bean seed in the jar. 병 안에 콩 씨앗을 두어요.
④ Spray some water on the bean every few days. 며칠 간격을 두고 콩에 물을 뿌려 줘요.
⑤ The bean should start to grow roots after a few days, this is called germination.
   며칠 후 콩 씨앗에서 뿌리가 자라기 시작해요. 이 과정이 발아예요.

식물의 성장 과정 식물의 성장 과정도 영어로 알아봅니다.

Stage 1	Stage 2	Stage 3	Stage 4
Seed	Seed with root	Seedling with leaf	Young plant
씨앗 단계	뿌리가 나는 단계	떡잎이 나오는 단계	어린 식물 단계

같이 보면 좋은 자료

씨앗에 관한 재미있는 영어 그림책

책제목 **The Watermelon Seed** 작가 **Greg Pizzoli**
출판사 **Disney-Hyperion**

걱정 가득한 악어가 수박 씨를 삼키면 무슨 일이 벌어질까 겁에 질려 있네요. 악어가 수박 씨를 삼키면 어떻게 될까요? 수박 싹이 귀로 나오거나 악어 몸이 빨간 수박 색으로 변하진 않겠죠? 악어에게 무슨 일이 생길지 같이 알아봐요!

핵심 표현

I swallowed a seed. 나는 씨앗을 삼켰어요.
It's growing in my guts. 내 배 속에서 자라고 있어요.
Soon vines will be coming out of my ears.
곧 덩굴이 내 귀에서 나올 거예요.
My skin will turn pink. 피부가 분홍색으로 변할 거예요.
I can feel it growing inside me. 내 안에서 자라는 걸 느낄 수 있어요.

20 Dinosaurs lived in different places 공룡들은 서로 다른 곳에 살았어요

Mom, I need your help.
엄마, 도움이 필요해요.

How can I help you?
어떻게 도와줄까?

I made this dinosaur park. I made the sea too.
이 공룡공원을 만들었어요. 바다도 만들었어요.

I want to put my toy dinosaurs in the right places.
장난감 공룡을 올바른 곳에 두고 싶어요.

Which dinosaurs lived in the sea?
어떤 공룡이 바다에 살까?

Mosasaurus lived in the sea. I'll put it in the sea.
모사사우루스가 바다에 살았어요. 바다에 놓을게요.

Great. Where should Tyrannosaurus and
잘했네. 이제 티라노사우루스와 스테고사우루스는

Stegosaurus go?
어디로 가야 할까?

They have feet. They lived on the ground.
이 공룡들은 발이 있어요. 그 공룡들은 땅 위에 살아요.

I'll put them together in the park.
같이 공원에 둘게요.

You need to put them apart.
이 공룡들은 따로 놓아야 해.

How come? They can be good friends.
왜요? 좋은 친구가 될 수 있을 것 같은데요.

Because Tyrannosaurus can eat Stegosaurus.
왜냐하면 티라노사우루스가 스테고사우루스를 잡아먹을

He's a scary hunter.
수도 있거든. 티라노사우루스는 무서운 사냥꾼이야.

Oh, I see. I'll put them in separate places.
오! 그렇군요. 떨어진 곳에 놓아 둘게요.

Now, I have a Pteranodon.
이제, 프테라노돈이 남았어요.

Where will you put it?
어디에 둘까?

It has wings. It could fly. I'll put it on this tree.
날개가 있어요. 날 수 있어요. 이 나무 위에 둘게요.

저자 강의 동영상

Key Expressions

How come ~?

How come ~? 은 '왜?' 혹은 '어째서 ~인 거야?'라고 상대방의 주장에 대한 구체적인 이유를 물을 때 쓰는 표현으로, 'Why?'와 동일한 의미로 사용됩니다. 단순히 How come?을 질문으로 쓰기도 하고, How come 뒤에 주어+동사로 된 완전한 문장을 써서 '왜 ~가 ~하는 거야?' 라고 물어볼 수도 있습니다.

예　① **How come you are late?** 왜 늦었어?

　　② **How come you are here?** 여기 왜 왔어?

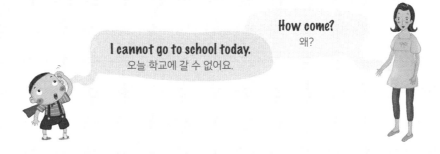

I cannot go to school today.
오늘 학교에 갈 수 없어요.

How come?
왜?

Where will you ~?

Where will you ~?는 상대방이 하게 될 행동의 위치를 묻는 질문으로 '너는 어디에(서) ~할 거야?'라는 의미입니다.

예　① **Where will you put your bag?** 어디에 가방을 둘 거야?

　　② **Where will you study?** 어디에서 공부할 거야?

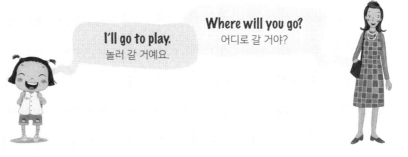

Where will you go?
어디로 갈 거야?

I'll go to play.
놀러 갈 거예요.

More Expressions

1 **Dinosaurs lived before humans.** 공룡은 사람들이 살기 전에 살았단다.

2 **We know about dinosaurs because of their fossils and bones.**
우리는 화석과 뼈 덕분에 공룡에 대해 알 수 있어.

3 **Some dinosaurs were enormous. The T-rex was more than 4 meters high.**
어떤 공룡들은 매우 컸어. 티라노사우르스는 키가 4미터 이상이었지.

4 **Dinosaurs disappeared from the Earth.** 공룡들이 지구에서 사라졌어.

5 **Dinosaurs went extinct.** 공룡들은 멸종되었어.

Thema Vocabulary

Dinosaur 공룡

육식공룡			
Allosaurus 알로사우르스	**Ceratosaurus** 케라토사우르스	**Deinonychus** 데이노니쿠스	**Mosasaurus** 모사사우르스
Giganotosaurus 기가노토사우르스	**Tarbosaurus** 타르보사우르스	**Spinosaurus** 스피노사우르스	**Pteranodon** 프테라노돈
Tyrannosaurus 티라노사우르스	**Velociraptor** 벨로키랍토르		
초식공룡			
Ankylosaurus 안킬로사우르스	**Brachiosaurus** 브라키오사우르스	**Chasmosaurus** 카스모사우르스	**Diplodocus** 디플로도쿠스
Dreadnoughtus 드레아드노우그투스	**Iguanodon** 이구아노돈	**Parasaurolophus** 파라사우롤로푸스	**Protoceratops** 프로토케라톱스
Stegosaurus 스테고사우르스	**Triceratops** 트리케라톱스		

More Tips

공룡들이 왜 멸종되었는지 아이들과 이야기를 나눌 때 유용한 영어 표현을 소개합니다.

공룡이 멸종된 이유를 묻는 표현

How did dinosaurs die out? 공룡들은 어떻게 멸종되었을까요?

How did dinosaurs become extinct? 공룡들은 어떻게 멸종된 걸까요?

물음에 대한 대답

Scientists have different ideas. 과학자들마다 생각이 달라요.

There are different theories. 이론들이 다 달라요.

이론 소개

Asteroid impact(소행성 충돌 이론)

An asteroid hit the Earth and changed the climate. Dinosaurs could not find any food to eat. 소행성이 지구와 충돌해서, 기후가 바뀌었어요. 공룡들은 먹이를 찾을 수 없었어요.

Volcano theory(화산 폭발 이론)

A volcanic explosion changed the weather. Dinosaurs could not live under the changed weather. 화산 폭발로 날씨가 바뀌었어요. 공룡들은 바뀐 날씨에서 살 수 없었어요.

같이 보면 좋은 자료

공룡에 관한 재미있는 영어 동영상

https://www.youtube.com/watch?v=KfsYD2O3QVc

영상 제목 **Learn about Dinosaurs || Dinosaur || Dinosaur Facts || Lesson for Kids**

영상 채널 learning junction 2:46

영상 내용 공룡의 어원을 알아볼 수 있는 동영상이에요. 공룡의 특징과, 공룡이 살던 시대를 함께 공부해요.

핵심 표현

Millions of years ago, long before there were any people, there were dinosaurs.
수백만 년 전에, 사람들이 살기 오래 전에, 공룡이 살았어요.

Some walked on two legs. 어떤 공룡은 두 발로 걸었어요.

They were bipedal. 그들은 두 발로 걷는 공룡이에요.

They were quadrupedal. 그들은 네 발로 걷는 공룡이에요.

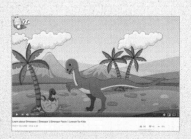

Part 5

Music & P.E. (Physical Education)
음악과 체육

Key Expressions

21 · It's called ~
   I would be happy to ~
22 · You're into ~
   I'll never get tired of ~
23 · I used to ~
   It's not a good idea to ~
24 · I don't feel like ~ing
   You must not ~
25 · You might ~
   You have to ~

Thema Vocabulary

21 · Musical instrument 악기
22 · Dance move 춤 동작
23 · Sports 스포츠
24 · House 집
25 · Playground 놀이터

More Tips

21 · 영어 동요 배우기
22 · The Hokey Pokey
23 · 경기 매너
24 · 여러 가지 놀이
25 · 놀이터에서 지켜야 할 규칙

같이 보면 좋은 자료

21 · 동영상 – Wheels on the Bus
22 · 리더스북 – Elephants Cannot Dance!
23 · 그림책 – Clifford's Sports Day
24 · 그림책 – Hide and Seek
25 · 그림책 – Caillou and the Big Slide

21 Let's sing together!
함께 노래해요!

Twinkle twinkle little star.... | 반짝 반짝 작은 별….

Mom, what are you singing? | 엄마, 무슨 노래 하세요?

The tune sounds familiar. | 익숙한 노래예요.

It's called "Twinkle Twinkle Little Star." | "반짝 반짝 작은 별"이라는 노래야.

I want to sing along with you. | 나도 엄마와 같이 노래하고 싶어요.

I'll play the song on the piano. | 내가 피아노로 노래를 쳐 줄게.

You can sing along. | 따라 불러도 돼.

(Jiho's mom plays the piano.) | (지호 엄마가 피아노를 연주해요.)

I don't know all the lyrics. | 나는 가사를 다 알지 못해요.

Let me read for you. Come sit next to me. | 엄마가 읽어 줄게. 와서 옆에 앉으렴.

Singing is so much fun! | 노래 부르기는 너무 재미있어요!

I want to play an instrument too. | 나도 악기를 연주하고 싶어요.

Why don't you take up the violin? | 바이올린을 배워 보는 게 어때?

I would love to do that! | 그렇게 하고 싶어요!

Then, I can join the orchestra! | 그럼, 오케스트라도 들어갈 수 있겠네요!

Of course! You'll have to practice hard. | 물론이지! 열심히 연습해야 할 거야.

I would be happy to do it. | 기꺼이 할 거예요.

That's my boy! | 우리 아들 멋지다!

 저자 강의 동영상

words
take up 배우다

Key Expressions

It's called ~

It's called ~는 '그것은 ~이라고 불린다' 혹은 '그것의 이름은 ~이다'라는 뜻으로, 사물의 이름을 상대에게 알려 줄 때 쓸 수 있는 표현입니다. It 대신에 다양한 주어를 넣어서 사물의 이름을 말할 수도 있습니다. 문장의 주어에 따라 be 동사가 변화되는 것도 기억해 두세요.

예 ① **It's called viola.** 그것은 비올라라고 해.

② **The movie is called Spider Man.** 그 영화의 이름은 "스파이더맨"이야.

It's called papaya.
파파야라고 해.

What's this fruit's name?
이 과일 이름이 뭐예요?

I would be happy to ~

I would be happy to ~는 문맥에 따라서 '기꺼이 ~할 것이다' 혹은 '~하게 되면 기쁠 것이다'의 뜻으로 해석합니다. to 다음에는 동사 원형을 씁니다.

예 ① **I would be happy to help you.** 기꺼이 도와줄게.

② **I would be happy to go there with you.** 너와 같이 거기 가게 되면 기쁠 거야.

Sure. I would be happy to share.
물론이야. 기꺼이 나눠 줄게.

Can you share your cookies with me?
나한테도 쿠키를 나눠 줄 수 있나요?

More Expressions

1. **Let's sing a song together.** 같이 노래하자.
2. **Listen carefully and sing along.** 잘 듣고 따라 불러 봐.
3. **This tune is very catchy.** 이 노래는 기억하기 쉬워.
4. **Let's tap the rhythm together.** 박자를 같이 맞춰 보자.
5. **What kind of instrument can you play?** 어떤 악기를 연주할 수 있어?

Thema Vocabulary

Musical instrument 악기

piano	violin	cello
피아노	바이올린	첼로
viola	**guitar**	**ukulele**
비올라	기타	우쿨렐레
harp	**flute**	**trumpet**
하프	플루트	트럼펫
horn	**recorder**	**triangle**
호른	리코더	트라이앵글
tambourine	**castanets**	**xylophone**
탬버린	캐스터네츠	실로폰
organ	**accordion**	**melodion**
오르간	아코디언	멜로디언
cymbals	**drum**	**harmonica**
심벌즈	드럼	하모니카

반복되는 구절이 많아서 따라 부르기 쉬운 영어 동요 2곡의 노랫말을 함께 배워 봐요.

〈Bingo〉

There was a farmer who had a dog. 개를 키우는 농부가 있었어요.
And Bingo was his name-o. 그리고 빙고가 개의 이름이었죠.
B-I-N-G-O 비 아이 엔 지 오
B-I-N-G-O 비 아이 엔 지 오
B-I-N-G-O 비 아이 엔 지 오
And Bingo was his name-o. 그리고 빙고는 개의 이름이에요.

〈Row Row Row Your Boat〉

Row, row, row your boat 저어요. 저어요. 배를 저어요
Gently down the stream 물살을 따라 부드럽게요
Merrily, merrily, merrily, merrily 즐겁게. 즐겁게. 즐겁게. 즐겁게
Life is but a dream. 삶은 단지 꿈일 뿐이에요.

같이 보면 좋은 자료

영어 동요에 관한 재미있는 영어 동영상

https://www.youtube.com/watch?v=e_04ZrNroTo

영상 제목 **Wheels on the Bus | CoComelon Nursery Rhymes & Kids Songs**
영상 채널 Cocomelon - Nursery Rhymes 3:48
영상 내용 아이들에게 흘려듣기 용도로 틀어 줄 수 있는 영어 동요입니다. 아이들과 함께 노래를 따라 부르며, 자동차 와 관련한 의성어, 의태어를 노래로 배워 보아요.

핵심 표현 영상에 등장하는 노래의 가사에서 유용한 표현을 알아봐요.

The wheels on the bus go round and round all through the town. 버스의 바퀴는 둥글게 둥글게 구르며 온 마을을 누벼요.

The doors on the bus go open and shut all through the town. 버스의 문은 열렸다 닫혔다 하며 온 마을을 누벼요.

The wipers on the bus go swish, swish, swish all through the town.
버스의 와이퍼가 휙휙휙 움직이며 온 마을을 누벼요.

22 Will you dance with me?

나와 함께 춤출래요?

Jiho, you're listening to this song again.	지호야, 이 노래 또 듣고 있네.
You're into this song.	너 이 노래에 푹 빠졌구나.
Yes, Mom. "If You're Happy" song	네, 엄마. "If You're Happy" 노래를 들으면
makes me happy. I want to dance along.	행복해져요. 노래에 맞춰 춤추고 싶어요.
Shall I teach you the dance moves?	춤 동작 가르쳐 줄까?
Sure. That sounds fun.	물론이죠. 재미있을 것 같아요.
Good! Do as I do.	좋아! 내가 하는 대로 해 봐.
Stand up and put your hands on your waist.	일어나서 손을 허리에 올려.
Like this?	이렇게요?
Yes. Then, bend your knees to the rhythm.	그래. 그러고 나서 무릎을 리듬에 맞춰 구부리는 거야.
Listen to the song carefully.	노래를 잘 들어봐.
Clap your hands twice in this part.	이 부분에서 손뼉을 두 번 치는 거야.
Clap, clap.	짝, 짝.
Now turn around and nod.	이제 뒤돌아서서 고개를 끄덕끄덕해.
Now let's stomp our feet together.	이제 함께 발을 구르자.
Stomp, stomp. Then, I'll shake my hips like this!	쿵, 쿵. 그러고 나서, 엉덩이를 이렇게 흔들 거예요!
Oh my! You're hilarious!	오 이런! 넌 너무 재미있어!
I'll never get tired of your dance. Haha!	엄마는 네 춤에 절대로 질리지 않을 거야. 하하!

저자 강의 동영상

words

dance move 춤 동작   stand up 일어나다
turn around 몸을 돌리다

Key Expressions

You're into ~

You're into ~는 '당신은 ~에 관심이 많다' 혹은 '~을 매우 좋아하다'의 뜻으로, 상대가 좋아하는 것을 말할 때 쓰는 표현입니다. 만일 내가 좋아하는 것을 말한다면 주어를 바꾸어 I'm into ~라고 표현하면 되겠지요. Into 다음에는 명사나 동사에 -ing를 더한 동명사를 쓰면 됩니다.

예 ① **You're into classical music.** 너는 클래식 음악을 매우 좋아하지.
　 ② **You're into that TV show.** 너는 그 텔레비전 쇼를 아주 좋아하지.

Do you like surfing?
서핑을 좋아해?

Of course. I'm so into it.
당연하죠. 흠뻑 빠져 있는걸요.

I'll never get tired of ~

I'll never get tired of ~는 직역하면 '나는 ~에 절대 질리지 않을 것이다'라는 뜻으로, 자신이 오랫동안 좋아할 만한 것, 정말 좋아하는 것을 표현할 때 쓰입니다. 만일 never를 제외하고, get tired of ~만 사용하면 '~에 질리다'라는 뜻입니다. of 다음에는 명사나, 동사에 -ing를 붙인 동명사가 옵니다.

예 ① **I'll never get tired of this song.** 나는 절대 이 노래에 질리지 않을 거야.
　 ② **I'll never get tired of pizza.** 나는 피자에 절대 질리지 않을 거야.

I'll never get tired of coffee.
나는 커피에 절대 질리지 않을 거야.

I know. You like it very much.
알아요. 엄마는 그걸 정말 좋아하죠.

105

More Expressions

1 **Let's dance to the music.** 음악에 맞춰 춤추자.

2 **Shall we dance one more time?** 한 번 더 춤출까?

3 **Wave your hands in the air.** 공중에서 손을 흔들어.

4 **Shake your legs and hips.** 다리와 엉덩이를 흔들어.

5 **Stand up and get ready to hop.** 일어나서 깡충 뛸 준비 해.

Thema Vocabulary

Dance move 춤 동작

bend	clap	nod	stomp
구부리다	박수 치다	고개를 끄덕이다	발을 구르다
stretch legs	**step**	**shake**	**hop**
다리를 쭉 펴다	발을 내딛다	흔들다	깡충 뛰다
jump back	**spin**	**turn**	**swing arms**
뒤로 점프하다	회전하다	돌다	팔을 좌우로 흔들다
raise arms	**twist**	**tiptoe**	**tilt the head**
팔을 들다	비틀다	발가락을 세워 걷다	머리를 기울이다

아이와 함께 율동을 하며 부를 수 있는 재미있는 영어 노래를 소개합니다.
노래 가사와 율동이 일치하여, 즐겁게 따라 할 수 있어요. 전반부의 가사를 소개할게요. 아이와 율동을 하며 익혀 보세요.

<The Hokey Pokey>

You put your right foot in 오른발을 안으로 넣어요
You take your right foot out 오른발을 밖으로 빼요
You put your right foot in 오른발을 안으로 넣어요
And you shake it all about 그리고 흔들어요
You do the hokey pokey 호키포키를 해요
And you turn yourself around 그리고 돌아요
That's what it's all about 그렇게 하는 거예요

You put your left foot in 왼발을 안으로 넣어요
You take your left foot out 왼발을 밖으로 빼요
You put your left foot in 왼발을 안으로 넣어요
And you shake it all about 그리고 흔들어요
You do the hokey pokey 호키포키를 해요
And you turn yourself around 그리고 돌아요
That's what it's all about 그렇게 하는 거예요
(이하 생략)

같이 보면 좋은 자료

춤에 관련한 재미있는 영어 리더스북

책제목 **Elephants Cannot Dance!** 작가 **Mo Willems**
출판사 **Hyperion Books**

춤을 잘 추지 못하는 코끼리가 돼지에게 춤을 배우기로 했어요. 그런데 코끼리 몸이 마음처럼 움직여 주질 않네요. 자꾸만 반대로 움직이는 코끼리의 몸. 코끼리는 과연 춤을 잘 출 수 있을까요?

핵심 표현

Move your arms this way. 이렇게 팔을 움직이세요.
You were a little late on the jump. 점프가 약간 늦었어요.

23 I am a good basketball player 나는 훌륭한 농구 선수예요

Let's play basketball.

같이 농구를 하자.

Great! Can you teach me some basketball skills?

좋아요! 나한테 농구 기술을 가르쳐 줄 수 있어요?

Of course. I used to practice them a lot.

물론이지. 아빠가 과거에 많이 연습했거든.

We should stretch first.

먼저 스트레칭 하자.

Okay. I can touch my toes with my hands.

좋아요. 난 손이 발가락에 닿을 수 있어요.

Wow, you're good. Now, I'll pass the ball

와, 잘하네. 이제, 공을 패스할게.

to you. Catch it.

받아.

Got it. Watch me, Dad. I can bounce the ball.

알겠어요. 보세요, 아빠. 난 공을 튕길 수 있어요.

Oh, did you practice bouncing it?

오, 공 튕기는 걸 연습했어?

Can you walk at the same time?

동시에 걸을 수도 있어?

Let me try. Yes, look! I'm dribbling.

한번 해 볼게요. 네, 보세요! 드리블을 하고 있어요.

Great. Now, let's try shooting.

잘하네. 이제, 슈팅 연습을 해 보자.

Try to jump and shoot the ball. Here is the hoop.

점프를 하면서 공을 던져 봐. 여기 골대가 있어.

Okay. Here I go. Ouch! I tripped over my shoes.

좋아요. 자, 간다. 아야! 신발에 걸려 넘어졌어요.

Are you okay? Jiho, it's not a good idea

괜찮아? 지호야, 운동할 때 샌들을 신는 건

to wear sandals when exercising.

좋은 생각이 아니야.

You're right. I'll go and change my shoes.

맞아요. 가서 신발을 바꿔 신을게요.

 저자 강의 동영상

words

used to (한때) ~하곤 했다   a lot 많은
at the same time 동시에
trip over ~에 발이 걸려 넘어지다

108

Key Expressions

I used to ~

I used to ~는 '나는 과거에 ~하곤 했다' 혹은 '나는 한때 ~이었다'라는 뜻으로, 과거의 습관이나 행동 혹은 상태를 묘사할 때 쓰는 표현입니다. 언급한 사실들이 과거의 일이며 현재는 그렇지 않다는 뉘앙스를 포함합니다. to 다음에는 동사 원형이 옵니다.

예 1 **I used to be an early riser.** 나는 한때 일찍 일어나는 사람이었어.

2 **I used to be a big fan of the movie star.** 나는 과거에 그 영화배우의 열성 팬이었어.

> **I used to take skating lessons.**
> 한때 스케이트 수업을 들었어요.

> **How come you're so good at skating?**
> 어떻게 그렇게 스케이트를 잘 타니?

It's not a good idea to ~

It's not a good idea to ~는 '~하는 것은 좋은 생각이 아니다'라는 뜻으로, 상대의 의견에 대해 반대를 하거나, 잘못 혹은 실수를 부드럽게 지적해 줄 때 사용할 수 있는 표현입니다. to 다음에는 동사 원형이 옵니다.

예 1 **It's not a good idea to drink sugary beverages.**
설탕이 많은 음료수를 마시는 것은 좋은 생각이 아니야.

2 **It's not a good idea to skip your breakfast.** 아침을 거르는 것은 좋은 생각이 아니야.

> **I'll wear these orange shorts today.**
> 오늘은 이 주황 반바지를 입을래요.

> **It's not a good idea to wear shorts. It's cold today.**
> 반바지를 입는 것은 좋은 생각이 아니야. 오늘은 춥단다.

More Expressions

1. **Players need to follow the rules.** 선수들은 규칙을 따라야 해.
2. **Let's cheer for the team.** 팀을 위해 응원하자.
3. **Team Red won and Team Blue lost.** 레드팀이 이기고 블루팀이 졌어.
4. **The game ended in a draw.** 그 경기는 동점으로 끝났어.
5. **Practice makes perfect.** 연습을 하면 잘할 수 있게 된단다.

Thema Vocabulary

Sports 스포츠

soccer	baseball	volleyball
축구	야구	배구
basketball	**table tennis**	**tennis**
농구	탁구	테니스
golf	**bowling**	**badminton**
골프	볼링	배드민턴
dodgeball	**kickball**	**swimming**
피구	발야구	수영
hockey	**curling**	**horse riding**
하키	컬링	승마
cycling	**skiing**	**skating**
사이클링, 자전거 타기	스키	스케이트
diving	**surfing**	**jogging**
다이빙	서핑	조깅

More Tips

아이들이 배워야 할 올바른 경기 매너를 영어로 함께 알아봐요.

① **Thank the coach and shake his/her hand after practice and games.**
연습이나 경기 후에는 코치님께 감사를 표하고, 악수를 해요.

② **Offer a helping hand to players on the ground, both teammates and opponents.**
팀원이든 상대편이든 운동장에서 다른 사람이 넘어지면 일으켜 줘요.

③ **Acknowledge when a teammate or opponent has a great play.**
팀원이나 상대편 선수가 잘 했을 때는 인정해 줘요.

④ **Listen to the coach and do what he/she asks.**
코치님의 말을 잘 듣고 따릅니다.

⑤ **Don't make negative comments about teammates and opponents.**
팀원이나 상대편에 대해 부정적인 말을 하지 않아요.

같이 보면 좋은 자료

운동 경기에 관한 재미있는 영어 그림책

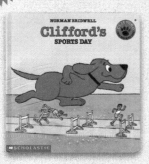

책제목 **Clifford's Sports Day** 작가 **Norman Bridwell**
출판사 **Scholastic**

에밀리의 학교 운동회에 따라간 클리포드. 클리포드는 장애물 뛰어넘기도 재주넘기도 잘해요. 이렇게 재미있는 시간을 보내는 클리포드에게 코치님은 클리포드가 너무 커서 더 이상 경기에 참가할 수 없다고 해요. 클리포드는 아이들이 경기하는 것을 바라볼 수밖에 없었죠. 그런데 경기가 끝날 무렵 클리포드는 영웅이 되어요! 왜 그럴까요? 책을 통해 같이 확인해 봐요.

핵심 표현

The gym teachers had planned a day full of races and games.
체육 선생님들은 많은 시합과 경기를 계획해 뒀어요.

He obeyed the coach. 그는 코치님의 지시를 잘 따랐어요.
Clifford didn't try to catch the ball.
클리포드는 공을 잡으려고 하지 않았죠.

24 Hide and seek is so much fun! 숨바꼭질은 재미있어요!

	Jiho, do you want to go to the playground?	지호야, 놀이터 가고 싶어?
	I don't feel like going. How about playing	나가고 싶은 기분이 아니에요.
	hide and seek in the house?	집에서 숨바꼭질 하면 어때요?
	Good idea! I'll be it. Can I?	좋은 생각이야! 내가 술래 할게. 해도 돼?
	That's not fair. I want to be it too.	그건 불공평해요. 나도 술래 하고 싶어요.
	Why don't we decide by playing rock,	가위, 바위, 보로 결정하는 것이 어때?
	scissors, paper?	
	Good idea! Rock, scissors, paper!	좋은 생각이에요! 가위, 바위, 보!
	Mom, you're it.	엄마, 엄마가 술래예요.
	Okay, I'll be it. You and your dad will hide.	그래, 엄마가 술래 할게. 너와 아빠가 숨으렴.
	I'll count to ten.	10까지 셀게.
	Don't peek! Dad, let's find a good hiding place.	훔쳐보면 안 돼요! 아빠, 숨기 좋은 곳을 찾아봐요.
	I'll hide behind the curtains.	나는 커튼 뒤에 숨을 거야.
	You can hide in the closet.	너는 옷장 안에 숨어도 돼.
	No, I want to hide in the garden.	아니요, 나는 정원에 숨고 싶어요.
	I'll hide behind the tree.	나무 뒤에 숨을게요.
	Okay! You must not hide in a dangerous place.	그래! 위험한 곳에 숨으면 안 돼.
	Ready or not, here I come. I found you!	준비가 됐든 안 됐든, 이제 찾으러 간다. 찾았다!

 저자 강의 동영상

words
hide and seek 숨바꼭질
rock, scissors, paper 가위, 바위, 보

Key Expressions

I don't feel like ~ing

feel like ~ing는 '~하고 싶은 기분이다'라는 의미로, 하고 싶은 것을 나타내는 표현입니다.
I don't feel like ~ing는 '나는 ~할 기분이 아니다' 혹은 '~하고 싶지 않다'라는 표현이 되겠지요.

예　① **I don't feel like playing outside.** 밖에서 놀고 싶은 기분이 아니에요.

　　② **I don't feel like walking.** 걷고 싶지 않아요.

Why don't we watch a movie this weekend?
이번 주말에 영화 보는게 어때?

I don't feel like going to a theater.
극장에 가고 싶지 않아요.

You must not ~

You must not ~은 '너는 ~하면 안 돼'라고 금지를 표현하는 말입니다. 조동사 must는
should에 비해 강제성이 더 강한 의무나 금지 사항을 이야기할 때 사용하며, must not 다음
에는 동사 원형을 씁니다.

예　① **You must not touch the knife.** 그 칼을 만지면 안 돼.

　　② **You must not go there.** 거기에 가면 안 돼.

You must not be late.
늦으면 안 돼.

Don't worry. I won't.
걱정 마세요. 늦지 않을게요.

More Expressions

1. **I can't find you.** 찾을 수가 없어.
2. **I got you!** 잡았다!
3. **Whose turn to be it?** 이제 누가 술래 할 차례지?
4. **Cover your eyes and count to 10 slowly.** 눈을 가리고 10까지 천천히 세.
5. **I'll tag you!** 내가 터치해서 잡을 거야.

Thema Vocabulary

House 집

living room	bedroom	dining room
거실	침실, 방	식당
study (room)	kitchen	toilet
서재, 공부방	주방	화장실
entrance	yard	door
입구, 현관	마당	문
window	sofa	bookshelf
창문	소파	책장
drawers	dressing table	dining table
서랍장	화장대	식탁
closet	rug	lamp
옷장	깔개	조명
duvet	pillow	curtain
이불	베개	커튼

영어권 국가에도 다양한 놀이가 있답니다. 어떤 놀이가 있는지 알아보도록 해요.

줄다리기는 <u>tug of war</u> 입니다. '당기다'라는 뜻의 tug와 전쟁을 뜻하는 war가 쓰여 줄다리기가 되었네요.

땅따먹기, 사방치기는 <u>hopscotch</u> 라고 합니다. hop은 '깡충 뛰다' 혹은 '팔짝 뛰다'라는 뜻이지요. 땅따먹기를 할 때 선을 밟지 않기 위해, 뛰는 모습을 표현한 것입니다.

<u>tag</u> 는 무엇일까요? tag는 '갖다 대다'라는 뜻입니다. 술래잡기를 뜻하는 말인데, 술래를 잡을 때 술래의 몸에 손을 가볍게 대는 동작을 연상하면 됩니다.

<u>leapfrog</u> 는 어떤 놀이일까요? frog는 '개구리'이고, leap은 '도약하다'라는 뜻인데요, 아이들이 몸을 이용해 뜀틀을 하는 놀이입니다. 한 명이 고개를 숙이고, 다른 한 명이 상대의 등을 짚고 점프를 해서 뛰어넘는 놀이입니다.

<u>kick the can</u> 이라는 게임은 술래잡기와 숨바꼭질을 합친 유형의 게임입니다. 한 사람이 술래가 되고, 놀이 공간 가운데에 캔을 둡니다. 다른 사람들은 술래가 숫자를 세는 동안 숨고, 술래는 이들을 찾아야 해요. 술래에게 잡힌 사람들은 따로 모여 있고, 잡히지 않은 다른 사람이 술래 몰래, 캔을 발로 차면 잡힌 사람들은 다시 자유의 몸이 됩니다.

영어권에도 구슬치기와 같은 게임이 있을까요? 네! 당연하지요. 구슬치기는 <u>marbles</u> 라고 부릅니다. 평평한 땅에 큰 동그라미를 그리고 그 안에 게임 참가자들의 구슬을 놓아둡니다. 그리고 서로 상대의 구슬을 선 밖으로 밀어내도록 자신의 구슬을 치는 것입니다.

그림자 잡기는 영어로 <u>shadow tag</u> 라고 하는데, 발로 상대의 그림자를 밟는 게임입니다. 이 놀이는 그림자가 선명한 맑은 날 정오에 하는 것이 좋겠지요?

마지막으로 <u>jacks</u> 는 공기놀이를 뜻합니다. 공깃돌은 영어로 <u>jackstone</u> 이라고 하죠.

같이 보면 좋은 자료

숨바꼭질에 관한 재미있는 영어 그림책

책제목 **Hide and Seek**　　작가 **Deborah Schecter**
출판사 **Scholastic**

집에서 숨바꼭질을 해요. 어디에 숨는 것이 좋을까요? 의자 뒤에 숨을까요?
hide가 들어가는 다양한 문장들과 숨을 곳을 영어로 알아봐요.

핵심 표현

Where can I hide? 어디에 숨을 수 있을까요?
I can hide behind a chair. 의자 뒤에 숨을 수 있어요.

25 Let's play in the playground 놀이터에서 놀아요

Wow, the weather is so nice! | 와, 날씨가 참 좋네!

It's a perfect day to play in the playground. | 놀이터에서 놀기 딱 좋은 날씨야.

Yay! Here I come! I'll play on the swing. | 야호! 내가 간다! 그네 탈래요.

Jiho, don't run. You might fall. | 지호야, 뛰지 마. 넘어질 수도 있어.

Don't worry. I'll slow down. | 걱정 마세요. 천천히 갈게요.

Could you push the swing for me? | 그네 좀 밀어 주실래요?

Sure, honey. What do you want to do next? | 그래, 아가야. 다음엔 뭘 하고 싶어?

I want to go on the slide now. Look at me. | 이제 미끄럼틀 타고 싶어요. 저 좀 보세요.

I can climb up the slide. | 미끄럼틀을 올라갈 수 있어요.

Oh, no! You have to get down. Stop climbing up. | 오, 안 돼! 내려와야 해. 거꾸로 올라가는 걸 멈춰.

Why, Mom? | 왜요, 엄마?

Other kids are sliding down. | 다른 친구들이 내려오고 있어.

They might bump into you. | 친구들이랑 부딪칠 수도 있어.

Oh, I see. I'll use the steps. | 오, 알겠어요. 계단을 이용할게요.

I want to lie down and go! | 누워서 타고 싶어요!

That's dangerous. You might hit your head. | 그건 위험해. 머리를 부딪칠 수도 있어.

You have to sit and face forward on a slide. | 미끄럼틀 위에서는 앉아서 앞을 봐야 해.

I understand. One, two, three! Off I go! | 알았어요. 하나, 둘 , 셋! 출발!

저자 강의 동영상

words

slow down 늦추다
slide down 미끄러져 내려오다   off I go 출발, 간다

116

Key Expressions

You might ~

might는 may의 과거형으로 '~일지도 모른다'라는 의미를 가진 조동사입니다. 형태는 과거형이지만, 과거의 의미를 가지지는 않고, 불확실한 추측을 나타낼 때 사용됩니다.

예 ① **You should slow down. You might trip over.**
속도를 줄여야 해. 발이 걸려 넘어질 수도 있어.

② **It might rain.** 비가 올 수도 있어.

Danny isn't at the playground.
대니가 놀이터에 없어요.

He might come later.
나중에 올 수도 있어.

You have to ~

have to는 조동사로서 동사 앞에서 '~해야 한다'의 의미를 더해 줍니다. 아이에게 규칙이나 반드시 지켜야 할 사항들을 안내해 줄 때 쓸 수 있는 표현입니다.

예 ① **You have to wait for your turn.** 차례를 기다려야 해.

② **You have to be careful.** 조심해야 해.

We have to go home.
집에 가야겠구나.

It's getting dark.
어두워지고 있어요.

More Expressions

1 **Let your friend go first.** 친구 먼저 타게 / 가게 / 하게 양보해 줘.

2 **Do you want to go on the swing?** 그네 타고 싶니?

3 **Don't push your friends.** 친구들을 밀면 안 돼.

4 **Watch your step.** 발 밑을 조심해.

5 **Hold on tight. It's going higher!** 꽉 잡아. 올라간다!

Thema Vocabulary

Playground 놀이터

seesaw	swing	slide
시소	그네	미끄럼틀
overhead ladder	**jungle gym**	**chin-up bar**
구름사다리	정글짐	철봉
merry-go-round	**rope bridge**	**spring horse**
회전 놀이 기구, 회전 무대	밧줄 다리	흔들 놀이 기구, 흔들 목마
bench	**sandbox**	**bucket**
벤치	모래놀이 통	양동이
shovel		
삽		

놀이터에서 지켜야 할 규칙을 영어로 알아봐요. 아이와 놀이터나 공원으로 향하는 길에 안전 규칙을 영어로 설명해 주는 것도 좋습니다.

① **Sit down on the swing.**
　　그네는 앉아서 타요.

② **Do not jump off the swing.**
　　그네에서 뛰어내리지 않아요.

③ **Do not walk in front of the swing.**
　　그네 앞에서 걸어 다니지 않아요.

④ **Do not push or shove others.**
　　다른 친구들을 밀거나, 밀치지 않아요.

⑤ **Slide down the slide and clear out.**
　　미끄럼틀을 타고 내려온 뒤에는, 미끄럼틀에서 물러나요.

⑥ **Be patient and wait for your turn.**
　　인내심을 가지고, 차례를 기다려요.

같이 보면 좋은 자료

미끄럼틀에 관한 재미있는 영어 그림책

책제목 **Caillou and the Big Slide**
작가 **Jeannine Beaulieu**　　출판사 **Chouette Editions**

까이유와 클레멘타인은 놀이터에서 재미있게 놀고 있어요. 클레멘타인이 까이유에게 높은 미끄럼틀을 타 보자고 제안해요. 까이유는 용감하게 올라가지만 다리가 자꾸만 흔들려요. 이때 아빠가 오는데…. 까이유는 아빠의 도움을 받아 용기 있게 미끄럼틀 타기에 성공할 수 있을까요?

핵심 표현

It's too high! 너무 높아!
You go first. 너 먼저 타.
Come on! Slide! 어서! 미끄럼틀 타고 내려와!
It's fun! 재미있어!

Part **6**

Social Study
사회

26 I need to learn manners

예절을 배워야 해요

Let's go inside the theater.
극장 안으로 들어가자.

Why don't we let others go first?
다른 사람들이 먼저 들어가게 하는 게 어떨까?

Okay. These are our seats! Come quick please.
좋아요. 여기가 우리 자리예요! 빨리 오세요.

Speak softly, please.
조용히 이야기해야지.

Why? The movie didn't start yet.
왜요? 아직 영화가 시작하지 않았잖아요.

We need to keep it down in public.
공공장소에서는 조용히 해야 해.

Also, you shouldn't run around.
또, 뛰어다니면 안 되는 거야.

Let's not disturb others.
다른 사람들을 방해하지 말자꾸나.

Okay. I'll behave.
알았어요. 얌전히 행동할게요.

Good boy. Movie is starting now.
착하구나. 이제 영화 시작한다.

Look! The monster is coming!
보세요! 괴물이 와요!

Please sit still. People can't see the screen.
가만히 앉아 있거라. 사람들이 화면을 볼 수 없어.

Oops! I'm sorry.
어머나! 죄송해요.

My sweet pumpkin, try to be considerate of
예쁜 우리 아가야. 언제나 다른 사람을

others. Can you do that?
배려하기 위해 노력하자. 그럴 수 있지?

I'll try, Mom. Here, pinky promise.
노력할게요, 엄마. 여기, 손가락 걸고 약속.

저자 강의 동영상

Key Expressions

Let's not ~

Let's는 let us를 축약한 형태로 상대에게 무언가를 하자고 제안할 때 쓸 수 있는 표현입니다. 여기에 not을 붙이면 '~하지 말자'라는 뜻이 되며, 상대에게 무언가를 완곡하게 금지하거나, 하지 말 것을 권유할 때 씁니다. Let's not 다음에는 동사 원형이 옵니다.

예 ① **Let's not yell.** 소리 지르지 말자.

② **Let's not go.** 가지 말자.

Let's not throw things.
물건을 던지지 말자.

Okay. I'll try.
알았어요. 노력할게요.

I will ~ / I'll ~

I will ~은 '나는 ~을 할 것이다'라는 뜻으로 자신이 가지고 있는 미래의 계획이나 의지를 말할 때 쓸 수 있는 표현입니다. will 다음에는 동사 원형이 나옵니다. I'll은 I will의 축약형입니다.

예 ① **I'll watch a movie this Saturday.** 이번 주 토요일에 영화를 볼 거예요.

② **I'll listen to my teacher.** 선생님 말씀을 들을 거예요.

What will you do tonight?
오늘 밤에 뭐 할 거야?

I'll read three books.
책을 세 권 읽을 거예요.

More Expressions

1 **Can you please be quiet?** 조용히 할 수 있겠니?

2 **You need to act politely.** 예의 바르게 행동해야 해.

3 **Be nice to your friends.** 친구들에게 상냥하게 대하렴.

4 **You need to share.** 함께 나눠 써야 해.

5 **Why don't you sit straight?** 똑바로 앉는 게 어때?

Thema Vocabulary

Public place 공공장소

hospital	library	zoo
병원	도서관	동물원
theater	bookstore	park
영화관, 극장	서점	공원
bank	museum	gallery
은행	박물관	미술관
airport	post office	fire station
공항	우체국	소방서
police station	city hall	public office
경찰서	시청	관공서
amusement park	department store	concert hall
놀이공원	백화점	공연장
stadium	restaurant	gas station
경기장	식당	주유소

More Tips

아이들에게 가르치기 쉬운 생활 매너를 영어로 배워 볼까요?

① **Be friendly and polite.** 언제나 상냥하고 예의 바르게 남을 대합니다.
   Add "Please.", "Thank you.", "You're welcome." and "Excuse me." to your vocabulary.
   "부탁합니다.", "감사합니다.", "천만에요." 그리고 "실례합니다."를 붙여 말합니다.

② **Be on time.** 제시간에 도착합니다. (지각하지 않고.)
   When you are late for get-togethers with friends, you're making others wait.
   친구들과의 모임에 늦는다면, 다른 사람을 기다리게 만드는 것이에요.

③ **Be a helper.** 다른 사람들을 도와요.
   If you enter a building and someone is behind you, hold the door for that person.
   빌딩에 들어가는데, 뒤에 사람이 있다면, 문을 잡아 주세요.

④ **Be quiet.** 시끄럽게 굴지 않아요.
   Keep your voice down. Be considerate of others. 목소리를 낮추어요. 다른 사람을 배려해요.

⑤ **Eat politely.** 예절을 지키며 식사해요.
   Don't talk with your mouth full. 음식을 입에 가득 넣고 말하지 않아요.

같이 보면 좋은 자료

예절에 관한 재미있는 영어 그림책

책제목 **Clifford's Manners**   작가 **Norman Bridwell**
출판사 **Scholastic**

클리포드는 예의가 바른 강아지예요. 언제나 "감사합니다." 하고 말하고 자기 치례를 기다릴 줄도 알지요. 클리포드와 함께 우리가 배워야 할 생활 예절을 공부해 봐요.

핵심 표현

Clifford says "please." when he asks for something.
클리포드는 무언가 요청할 때는 언제나 "부탁합니다." 하고 말해요.

When Clifford has to sneeze, he uses a handkerchief or tissue.
클리포드는 재채기를 해야 할 때, 손수건이나 휴지를 사용합니다.

27 Trash goes into the trash can! 쓰레기는 쓰레기통에 버려요!

Jiho, don't forget to put the candy wrappers

into the trash can.

지호야, 사탕 껍질 쓰레기 통에

넣는 것 잊지 말아라.

Mom, the trash can is full.

엄마, 쓰레기통이 가득 찼어요.

Oh, I may as well take out the trash.

오, 쓰레기를 내다 버리는 게 낫겠다.

Let's go to the trash yard together.

같이 쓰레기장에 가요.

Why are there so many bins?

왜 이렇게 통이 많아요?

Because we need to sort our garbage.

쓰레기를 분리해야 하기 때문이야.

We should separate paper, cans, glass,

plastic, and food waste.

종이류, 캔류, 유리류, 플라스틱류,

그리고 음식물 쓰레기를 따로 나눠야 해.

Where should these plastic bottles go?

이 플라스틱 병은 어디에 버려야 해요?

We should recycle them for the environment.

환경을 위해 재활용해야 해.

The trash can for plastic is over there.

플라스틱 쓰레기 통은 저기에 있단다.

What are those blue and yellow bins for?

그럼 저 파란색과 노란색 통은 무엇에 쓰는 거예요?

The blue bin is for paper and yellow bin is for cans.

파란 통에는 종이를, 노란 통에는 캔을 넣으면 된단다.

Should I put this paper box into the blue bin?

이 종이 상자는 파란 통에 넣어야 해요?

Exactly!

정확해!

Recycling is fun!

재활용하는 것은 재미있어요!

저자 강의 동영상

words

trash can 쓰레기통   candy wrapper 사탕 포장지
take out 가지고 나가다   trash yard 쓰레기장
plastic waste 플라스틱 쓰레기   over there 저기, 저쪽에

Key Expressions

I may as well ~

I may as well ~은 '나는 ~하는 편이 낫겠다'라는 뜻으로 내가 처한 상황 속에서, 최선은 아니더라도 가장 낫다고 생각되는 행동을 선택할 때 사용하는 표현입니다. may as well 다음에는 동사 원형이 옵니다.

예 ① **I may as well go to bed now.** 이제 자러 가는 것이 낫겠어요.

② **I may as well have some salad.** 샐러드를 먹는 것이 낫겠어요.

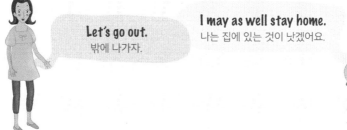

Let's go out.
밖에 나가자.

I may as well stay home.
나는 집에 있는 것이 낫겠어요.

Should I ~?

Should I ~?는 '내가 ~을 해야 해?'라는 뜻으로, 상대에게서 자신이 해야 할 일을 확인할 때 사용하는 표현입니다. should가 조동사이므로, I 다음에는 동사 원형이 옵니다.

예 ① **Should I recycle the cans?** 캔을 재활용해야 하나요?

② **Should I go to bed now?** 지금 자러 가야 하나요?

It's going to rain.
비가 올 거야.

Should I take my umbrella?
우산을 가져가야 할까요?

More Expressions

① **Look at this mess! We need to clean up.** 이 지저분한 것 좀 봐! 청소해야겠어.

② **You can't throw trash on the floor.** 바닥에 쓰레기를 버리면 안 돼.

③ **Can you help me sort the trash?** 쓰레기 분리하는 것 도와줄 수 있어?

④ **Pick it up and put it into a trash can.** 주워서 쓰레기통에 버려.

⑤ **We should reduce trash for the environment.** 환경을 위해 쓰레기를 줄여야 해.

Thema Vocabulary

Recycle 재활용

garbage	waste	paper
쓰레기	쓰레기	종이
can	**glass**	**plastic**
캔	유리	플라스틱
food	**plastic bag**	**trash bag**
음식	비닐 봉투	쓰레기 봉투
recycle bin	**trash truck**	**landfill**
재활용 수거통	쓰레기 수거 트럭	쓰레기 매립지
dump	**sort**	**separate**
쓰레기 폐기장, 쓰레기를 버리다	분류하다	분리하다
recycle	**reuse**	**reduce**
재활용하다	재사용하다	줄이다
save	**reprocess**	**eco friendly**
구하다, 살리다, 저축하다	재생하다, 재가공하다	친환경적인

쓰레기에 관한 다양한 표현을 알아봐요.

쓰레기를 뜻하는 단어로는 trash, garbage, rubbish와 waste가 있습니다. 사실 이 단어들은 혼용해서 사용해도 무방하지만, 쓰임에 미세한 차이가 있습니다.

먼저 trash와 rubbish를 살펴볼게요. 둘 다 일반적인 쓰레기를 의미합니다. trash는 미국식 영어에서, rubbish는 영국식 영어에서 많이 사용됩니다.

garbage는 일반적인 쓰레기를 가리키기도 하지만, 부엌에서 나오는 음식물 쓰레기를 가리킬 때 쓰입니다.

waste는 더 이상 사용할 수 없는 폐기물의 의미를 담고 있습니다. toxic waste는 독성 폐기물, radioactive waste는 방사능 폐기물을 뜻합니다.

'쓰레기를 무단 투기하다'는 영어로 litter라고 합니다. "쓰레기를 아무 데나 버리지 마세요."라고 말하고 싶다면, Don't litter.라고 하면 된답니다.

같이 보면 좋은 자료

쓰레기, 환경에 관한 재미있는 영어 그림책

책제목 **I Can Save the Earth!**   작가 **Alison Inches**
출판사 **Simon & Schuster**

녹색 괴물 맥스는 아주 귀엽지만, 나쁜 버릇이 있어요. 항상 빈 방에 불을 켜고 다니고, 컴퓨터를 쓰고 전원 플러그도 뽑지 않죠. 또 화장지는 얼마나 많이 쓰는데요. 이런 맥스에게 급작스러운 일이 닥쳐와요. 맥스는 환경을 생각하는 착한 괴물로 바뀔 수 있을까요?

핵심 표현

Max the little monster liked to fly candy wrappers.
작은 괴물 맥스는 사탕 껍질을 날리는 것을 좋아했어요.

Max the little monster left the lights on.
작은 괴물 맥스는 언제나 불을 켜 두었어요.

28 Let's learn about the world! 세계에 대해 배워 봐요!

Jiho, check this out. This is a globe.	지호야, 이것 좀 봐. 이건 지구본이야.
Wow, it spins. What's this for?	와, 돌아가네요. 이건 뭐에 쓰는 거예요?
You can find countries around the world.	세계의 여러 나라들을 찾아볼 수 있어.
Where are we?	우리는 어디에 있어요?
Try to find it. We live in South Korea.	찾아보렴. 우리는 한국에 살아.
It's close to China.	중국과 가깝지.
Oh, here it is. Our country is very small.	오, 여기 있네요. 우리나라는 아주 작네요.
Right. China is huge.	맞아. 중국은 커.
Look. Russia is also a very big country.	보세요. 러시아도 역시 아주 큰 나라네요.
It's famous for its cold winter and wooden dolls.	러시아는 추운 날씨와 나무 인형으로 유명해.
Do Russian speak English?	러시아 사람들은 영어를 쓰나요?
No, Russian speak Russian.	아니, 러시아 사람들은 러시아어를 써.
People in the UK speak English.	영국 사람들이 영어를 하지.
I found the UK.	영국을 찾았어요.
Good. The UK is in Europe.	잘했어. 영국은 유럽에 있지.
I want to go to the UK.	영국에 가고 싶어요.
Okay! Let's go on a family trip to the UK next year.	좋아! 내년에 영국으로 가족 여행을 가자.
Yay!	야호!

 저자 강의 동영상

words
around the world 세계적으로, 세계 곳곳에, 세계 일주의
South Korea 한국   close to ~에 가까운

Key Expressions

What's ~ for?

What's ~ for?는 '~은 뭐 하는 데 사용돼?'라고 쓰임이나 용도를 물어볼 때 쓰는 표현입니다.

(예) ① **What's this box for?** 이 박스는 어디에 쓰려고 하는 건가요?

② **What's this party for?** 이 파티는 무엇 때문에 하는 건가요?

What's this room for?
이 방은 무엇을 위한 방인가요?

This is a guest room.
이건 손님 방이야.

It's famous for ~

be 동사+famous for는 '~로 유명하다/잘 알려져 있다'라는 의미로, 주어의 대표적인 특징을 나타내는 표현입니다.

(예) ① **Korea is famous for K-pop.** 한국은 K-pop으로 유명해.

② **The restaurant is famous for its chicken wings.**
그 식당은 닭 날개 요리로 유명해.

London is famous for fog and rain.
런던은 안개와 비로 유명하지.

What's London famous for?
런던은 무엇으로 유명해요?

More Expressions

1. **There are about 195 countries in the world.** 전 세계에는 약 195개 국가가 있어.

2. **Let's match countries and capitals.** 나라와 수도를 연결해 보자.

3. **There are 6 continents, Asia, Europe, Africa, Oceania, North America, and South America.**
   아시아, 유럽, 아프리카, 오세아니아, 북아메리카, 남아메리카, 이렇게 6개의 대륙이 있어.

4. **China and Japan are our neighbors.** 중국과 일본은 우리 이웃이야.

5. **Africa is famous for its natural environment.** 아프리카는 자연환경으로 유명해.

Thema Vocabulary

Country and People 국가와 사람

Korea - Korean	The USA - American	Japan - Japanese
한국 - 한국인	미국 - 미국인	일본 - 일본인/일어
China - Chinese	Russia -Russian	France - French
중국 - 중국인/중국어	러시아 - 러시아인/러시아어	프랑스 - 프랑스인/프랑스어
Italy - Italian	Spain - Spanish	Germany - German
이탈리아 - 이탈리아인/이탈리아어	스페인 - 스페인인/스페인어	독일 - 독일인/독일어
The UK - British	Canada - Canadian	Sweden - Swedish
영국 - 영국인	캐나다 - 캐나다인	스웨덴 - 스웨덴인/스웨덴어
India - Indian	Taiwan - Taiwanese	Thailand - Thai
인도 - 인도인	대만 - 대만인/대만어	태국 - 태국인/태국어
Portugal-Portuguese	Mexico-Mexican	Brazil-Brazilian
포르투갈- 포르투갈인/포르투갈어	멕시코- 멕시코인	브라질- 브라질인

More Tips

　　부루마블(Blue Marble)로도 잘 알려져 있는 모노폴리(Monopoly)는 아이들이 즐겁게 게임을 하면서 국가의 이름과 도시 이름을 익힐 수 있는 보드게임입니다. 아이들에게 모노폴리 게임 방법을 영어로 설명해 주고, 함께 즐겨 보세요.

<Setup> 세팅

① Place the board on a table. 보드를 탁자 위에 올려 둬요.

② The Chance and Community Chest Cards should be placed with their face down.
　　찬스 카드와 공동모금 카드를 뒤집어 놓아요.

③ Each player is given $1500.
　　각 참가자는 1,500달러씩 받아요.

<Play> 게임하기

① Players place their token on the "GO."
　　게임 말을 "출발" 칸에 세워요.

② Players throw the dice and move their token to the correct place.
　　참가자들은 주사위를 던져 말을 해당 칸으로 옮겨요.

③ Depending on the spot the token lands on, you may buy the property, be obliged to pay rent, pay taxes, or draw a Chance or Community Chest Card.
　　말이 다다른 곳에 따라, 부동산을 사거나, 임대료 혹은 세금을 내거나 찬스 카드 혹은 공동모금 카드를 뽑아요.

같이 보면 좋은 자료

국가에 관한 재미있는 영어 동영상

https://www.youtube.com/watch?v=tk54tybepac

영상 제목 Countries of the World - Nations Vocabulary for Kids
영상 채널 ELF Kids Videos 2:10
영상 내용 각 국가의 지도, 국기, 나라명을 영어로 따라 하며 배워 봐요.

핵심 표현

I want everyone to listen and repeat in a very big voice.
나는 여러분 모두 듣고 아주 큰 소리로 따라 해 보기를 바라요.

Are you ready? 준비됐나요?

29 I want to be a singer
가수가 되고 싶어요

Mom, I'm bored.	엄마, 심심해요.
Can Aunt Miran come and play with me?	미란 이모가 와서 같이 놀 수 있을까요?
I'm sorry, but she has to go to work.	미안하지만, 미란 이모는 일하러 가야 해.
Today is Sunday. Why does she go to work?	오늘은 일요일인데요. 왜 일하러 가요?
You and Dad don't go to work on Sunday.	엄마랑 아빠는 일요일에 일하러 가지 않잖아요.
Everyone has a different job, honey.	사람들은 모두 다른 직업을 갖고 있단다, 아가야.
Some people should work on Sundays.	어떤 사람들은 일요일에 일을 해야 해.
What does Aunt Miran do?	미란 이모는 무슨 일을 해요?
She's a flight attendant.	이모는 승무원이야.
She helps people in the airplane.	비행기 안에서 사람들을 도와주지.
I see. Then what does Uncle Jaewon do?	그렇군요. 그러면 재원 삼촌은 무슨 일을 해요?
He's a doctor. He helps sick people in the hospital.	의사야. 병원에서 아픈 사람들을 도와.
Wow, I have a wobbly tooth. It hurts.	와, 나는 흔들리는 이가 있어요. 아파요.
Can he help me?	삼촌이 도와줄 수 있나요?
Ha-ha, there are doctors for teeth.	하하, 치아를 보는 의사는 따로 있어.
They're dentists. What do you want to be?	치과 의사지. 넌 커서 무엇이 되고 싶어?
I'm interested in singing. I want to be a singer.	노래하는 것에 관심이 있어요. 가수가 되고 싶어요.
That's a good dream!	좋은 꿈이네!

저자 강의 동영상

words
have(has) to ~해야 한다
flight attendant 승무원

Key Expressions

What do/does ~ do?

What do/does ~ do?는 '~는 무엇을 해?'라는 뜻입니다. 주로 직업을 물어볼 때 사용하는 표현으로, 문장 뒤에 '생계를 위해'라는 뜻을 가진 for a living을 함께 붙여 쓸 수도 있습니다. 대답은 '~ work in/at 근무처'로 하거나 '~ am/is/are (a) 직업을 나타내는 단어'로 할 수 있습니다.

예　① **What do you do for a living?** 생계로 무슨 일을 하세요?

②　**What does James do?** 제임스는 무슨 일을 하나요?

What does my dad do?
아빠는 무슨 일 해요?

He's a teacher.
선생님이야.

I'm interested in ~

I'm interested in ~은 자신의 관심 분야를 말할 때 쓸 수 있는 표현으로 '나는 ~에 흥미가 있다'라는 뜻입니다. in 다음에는 동사 원형에 -ing를 붙인 동명사나 명사가 옵니다.

예　① **I'm interested in music.** 나는 음악에 관심이 있어요.

②　**I'm interested in baking bread.** 나는 빵 굽는 것에 관심이 있어요.

What are you interested in?
너는 무엇에 관심이 있니?

I'm interested in sports.
나는 스포츠에 관심이 있어요.

More Expressions

1. **What's your future dream?** 장래 희망이 뭐니?

2. **What do you want to be when you grow up?** 크면 무엇이 되고 싶어?

3. **I think you can be an amazing announcer.** 내 생각엔 네가 멋진 아나운서가 될 수 있을 것 같아.

4. **You need to practice every day to be a good athlete.**
   훌륭한 운동선수가 되려면 매일 연습해야 해.

5. **Your grandfather is retired.** 네 할아버지는 은퇴하셨어.

Thema Vocabulary

Job 직업		
teacher	**doctor**	**dentist**
선생님	의사	치과 의사
vet	**nurse**	**policeman**
수의사	간호사	경찰
firefighter	**singer**	**cook**
소방관	가수	요리사
baker	**soldier**	**farmer**
제빵사	군인	농부
pilot	**writer**	**painter**
비행기 조종사	작가	화가
actor / actress	**lawyer**	**scientist**
남자 배우 / 여자 배우	변호사	과학자
musician	**astronaut**	**flight attendant**
음악가	우주인	승무원

More Tips

영미권에서는 누군가를 처음 만났을 때 나이나 직업 등을 먼저 물어보지 않는 편입니다. 그래서 다짜고짜 What's your job?(직업이 뭐예요?)이라고 질문하면 의도와는 다르게 무례한 사람으로 보일 수도 있습니다.

상대의 직업이 궁금하다면, 상대가 먼저 직장이나 일에 대한 이야기를 꺼낼 때, 간접적인 질문을 하는 것이 더 자연스럽습니다. 그렇다면, 간접적으로 상대의 직업을 물어볼 수 있는 표현으로는 어떤 것이 있을까요?

Where's your work? 직장 위치가 어디예요?
How's your work? 일은 어때요?
What was your major? 전공이 뭐였어요?

그리고 상대방과 어느 정도 친해진 상태라면, 조금 직접적으로 What do you do for a living?(어떤 일 하세요?)이라고 물어볼 수도 있겠습니다.

같이 보면 좋은 자료

직업에 관한 재미있는 영어 동영상

https://www.youtube.com/watch?v=ckKQcIquAXU

영상 제목 **Jobs Song for Kids | What Do You Do? | Occupations | Kindergarten, Preschool, ESL | Fun Kids English**
영상 채널 Fun Kids English 2:51
영상 내용 세상에는 직업이 참 많아요! 어떤 직업이 있는지 노래로 알아봐요.

핵심 표현
What do you do? 무슨 일을 하시나요?
I'm a teacher. 나는 선생님입니다.
I'm a doctor. 나는 의사예요.
I'm a carpenter. 나는 목수예요.

30 Christmas is just around the corner! 크리스마스가 다가와요!

Jiho, did you hear carols playing on the street? | 지호야, 거리에서 흘러나오는 캐롤을 들었니?

It's that time of the year. | 이제 그럴 때가 되었나 봐.

Let's decorate our Christmas tree. | 크리스마스 트리를 장식하자.

All right. I'll hang Christmas stockings too! | 좋아요. 나는 크리스마스 양말도 걸 거예요!

What gift do you want? | 어떤 선물을 받고 싶니?

It's a secret between me and Santa. | 그건 나랑 산타 할아버지 사이의 비밀이에요.

Okay, but you must behave until next week. | 그래, 하지만 다음 주까지 착하게 행동해야 해.

Santa gives presents only to good kids. | 산타 할아버지는 착한 아이들에게만 선물을 주시거든.

I know. How will Santa find our house? | 알아요. 산타 할아버지는 어떻게 우리

We don't have a chimney. | 집을 찾지요? 우리는 굴뚝이 없잖아요.

Don't worry about that, honey. | 그건 걱정하지 마, 아가야. 루돌프는

Rudolph can take Santa anywhere. | 산타 할아버지를 어디든지 모셔 갈 수 있어.

They must be hungry. Should I put cookies | 루돌프와 산타 할아버지는 분명 배가 고플 거예요.

next to the tree? | 트리 옆에 쿠키를 둘까요?

Great idea. Christmas is a time for sharing. | 좋은 생각이야. 크리스마스는 서로 나누는 날이니까.

I'm looking forward to Christmas! | 크리스마스가 기다려져요!

저자 강의 동영상

words

just around the corner 임박하여
that time of the year 해마다 그맘때
Christmas stockings 크리스마스 양말

Key Expressions

They must be ~

must be ~는 '~임에 틀림없다' 혹은 '~가 분명하다'라는 뜻으로, 자신이 확신하는 바를 나타내는 표현입니다. be 다음에는 명사나 형용사가 옵니다.

예 ① **They must be tired now.** 그들은 분명 지금 피곤하겠군.

② **They must be good friends.** 그들은 좋은 친구가 틀림없어.

They must be starving.
분명 배가 고플 거야.

The cats didn't eat anything until now.
고양이들은 지금까지 아무것도 먹지 않았어요.

I'm looking forward to ~

look forward to ~는 '~을 학수고대하다', '~을 손꼽아 기다리다'라는 뜻입니다. 미래의 일에 대한 강한 기대감을 나타내는 표현으로 to 다음에는 명사나 동사에 –ing를 더한 동명사가 나옵니다.

예 ① **I'm looking forward to seeing my relatives.**
저는 친척들을 만나기를 학수고대하고 있어요.

② **I'm looking forward to my summer vacation.**
여름 방학을 손꼽아 기다리고 있어요.

Your birthday is on this Saturday.
네 생일이 이번 주 토요일이구나.

I'm looking forward to it.
손꼽아 기다리고 있어요.

More Expressions

1. **What do people do on Christmas?** 사람들은 크리스마스에 무엇을 할까?

2. **We decorate our home and put up Christmas tree.**
   우리는 집을 꾸미고 크리스마스 트리를 세우지.

3. **Santa Claus brings gifts to good children.** 산타 할아버지는 착한 아이들에게 선물을 주셔.

4. **Do you have any plans for Christmas?** 크리스마스에 계획이 있어?

5. **Let's sing Christmas carols.** 크리스마스 캐롤을 부르자.

Thema Vocabulary

Christmas 크리스마스

Christmas holidays	White Christmas	Christmas Eve
크리스마스 휴가	화이트 크리스마스	크리스마스 이브
Christmas dinner	**Christmas card**	**Merry Christmas**
크리스마스 디너	크리스마스 카드	메리 크리스마스
cake	**carol**	**chimney**
케이크	캐롤	굴뚝
roof	**reindeer**	**sled**
지붕	순록	썰매
present	**Christmas tree**	**Christmas stockings**
선물	크리스마스 트리	크리스마스 양말
candy cane	**gingerbread man cookie**	**light bulb**
지팡이 모양 사탕	진저브레드맨 쿠키	전구
ornament	**fireplace**	**snowman**
장식물	벽난로	눈사람

아이들이 좋아하는 축제에 대해 알아봐요.

크리스마스 말고 미국 아이들이 손꼽아 기다리는 날이 또 있습니다. 그날은 바로 10월 31일, Halloween(핼러윈)입니다. 재미있는 모습으로 분장을 하고 주위의 이웃들을 방문하여 사탕이나 초콜릿, 쿠키 등을 선물 받는, 아이와 어른 모두에게 즐거운 날이지요.

Halloween의 유래에 대해 알아볼까요?

서기 835년, 로마 교황이었던 그레고리 4세는 11월 1일을 성자의 날로 정하고, All Hallow(성자의 날)라고 불렀습니다. Hallow가 앵글로색슨어로 '성도'라는 의미거든요. 성자의 날 이브인 10월 31일이 All Hallow's Evening으로 알려졌고, 시간이 지나면서 Halloween이 된 거랍니다.

핼러윈이란 말을 널리 알린 건 켈트 족이었는데, 이들은 이날 악령들이 돌아다닌다고 믿었습니다.

이를 막기 위해 미리 귀신의 복장을 해서 그들을 속여(trick) 다른 집으로 가도록 하거나 귀신에게 음식을 대접(treat)함으로써 귀신으로부터 자신을 보호하려 했지요. 그래서 핼러윈 데이에 아이들이 캔디를 얻기 위해서 가면이나 특이한 복장을 입고 이웃집을 방문하는 놀이를 Trick or Treat 이라고 하는 것입니다.

그럼 핼러윈 때 자주 등장하는 소품과 자주 등장하는 귀신들의 이름을 알아볼까요?

호박을 파서 만든 조명은 jack-ó-lantern, 거미줄은 cobweb 입니다. 마녀는 witch, 유령은 ghost, 괴물은 monster, 해골은 skeleton, 미라는 mummy 라고 합니다. 이 귀신들로 변장하기 위한 의상을 Halloween costume 이라고 하지요.

같이 보면 좋은 자료

크리스마스에 관한 재미있는 영어 그림책

책제목 **It's Christmas, David!**   작가 **David Shannon**
출판사 **Scholastic**

말썽꾸러기 데이비드는 이번 크리스마스에 받고 싶은 선물이 너무나 많아요. 그런데 자꾸 말썽을 피우네요. 산타 할아버지는 말썽쟁이에겐 선물 대신 석탄 덩어리를 주신다는데…. 데이비드는 산타 할아버지에게 선물을 받을 수 있을까요?

핵심 표현

No peeking. 몰래 훔쳐보면 안 돼.
Santa is watching. 산타 할아버지가 보고 계셔.
Naughty list. (네가) 말썽 부린 일들의 목록이야.
Santa is going to bring you a lump of coal.
산타 할아버지는 너에게 석탄 덩어리를 가져다주실 거야.

Part 7

Math
수학

Key Expressions

Thema Vocabulary

More Tips

같이 보면 좋은 자료

31 How many are there?
몇 개가 있나요?

Mom, I built this choo-choo train.   엄마, 제가 칙칙폭폭 기차를 만들었어요.

My animal friends want to take the train.   동물 친구들이 이 기차를 타고 싶어 해요.

How many animal friends are there?   동물 친구들이 모두 몇 개야?

Can you count them?   셀 수 있어?

One, two, three, four, five, six, seven, eight,   하나, 둘, 셋, 넷, 다섯, 여섯, 일곱, 여덟,

nine, and ten!   아홉, 그리고 열!

Good job! Then, how many train cars are there?   잘했어! 그러면, 기차 칸은 몇 개 있지?

Let me count! One, two, three, four, and five!   세어 볼게요! 하나, 둘, 셋, 넷, 그리고 다섯!

There are five train cars.   다섯 개의 기차 칸이 있어요.

Which animals will go in the first car?   어느 동물들이 첫 번째 칸에 가지?

The panda and the lion will take the first car.   판다와 사자가 첫 번째 칸에 탈 거예요.

Who'll take the second car?   누가 두 번째 칸에 타지?

The dog and the cat are good friends.   개와 고양이는 좋은 친구예요.

They'll take the second car together.   이 친구들이 두 번째 칸에 같이 탈 거예요.

The tiger and the bear go in the third car now.   호랑이와 곰은 이제 세 번째 칸에 타요.

Oh, the parrot and the turtle get in the fourth car.   오, 앵무새와 거북이는 네 번째 칸에 타는구나.

Then, the fox and the elephant sit in the fifth car.   그러면, 여우와 코끼리는 다섯 번째 칸에 타요.

They're all set. Here we go! Choo choo!   모두 준비 완료! 출발! 칙칙폭폭!

저자 강의 동영상

Key Expressions

How many ~?

How many+명사+are+장소?는 '~(장소)에 ~가 몇 개 있니?'라는 의미로 물건이나 사람, 동물의 수를 묻는 표현입니다. How many 다음에는 셀 수 있는 명사가 복수의 형태로 제시됩니다.

예
1 **How many books are there?** 책이 몇 권 있어?
2 **How many cookies are in the jar?** 유리병 안에 쿠키가 몇 개 있어?

How many pencils are there?
연필이 몇 개 있어?

There are two pencils.
연필이 두 개 있어요.

Who will/Who'll ~?

Who will ~?은 '누가 ~을 할 거지?'라고 미래의 활동을 하는 주체를 묻는 질문입니다. will은 미래를 말할 때 사용하는 조동사로, 미래의 일을 예측할 때 쓰입니다. 또한 주어의 의지를 나타낼 때도 쓰입니다. Who'll은 Who will을 축약하여 쓴 형태입니다.

예
1 **Who'll build a toy train?** 누가 장난감 기차를 만들 거야?
2 **Who'll put the toys back?** 누가 장난감들을 제자리에 가져다 놓을 거야?

Who'll visit us today?
오늘 누가 방문할 예정이지?

Miranda will visit us.
미란다가 방문할 예정이에요.

More Expressions

⒈ **Let's count from 5 to 10.** 5부터 시작해서 10까지 세어 보자.

⒉ **Let's practice counting!** 수 세기를 연습해 보자!

⒊ **Why don't you use your fingers?** 손가락을 사용하는 게 어때?

⒋ **Let's add three to five.** 3 더하기 5를 해 보자.

⒌ **It makes eight.** 8이 되네.

Thema Vocabulary

Number 숫자

eleven	twelve	thirteen
11, 열하나	12, 열둘	13, 열셋
fourteen	**fifteen**	**sixteen**
14, 열넷	15, 열다섯	16, 열여섯
seventeen	**eighteen**	**nineteen**
17, 열일곱	18, 열여덟	19, 열아홉
twenty	**thirty**	**forty**
20, 스물	30, 서른	40, 마흔
fifty	**sixty**	**seventy**
50, 쉰	60, 예순	70, 일흔
eighty	**ninety**	**one hundred**
80, 여든	90, 아흔	100, 백
one thousand	**ten thousand**	**million**
1,000, 천	10,000, 만	백만, 수많은

More Tips

1부터 10까지 서수를 배워 보아요. 서수는 순서 즉 order를 가리키는 숫자로, ordinal numbers 라고 합니다. 1부터 3까지는 각각 first, second 그리고 third 라고 말하고, 숫자로 표기할 때는 각 단어의 끝에 있는 알파벳 두 개를 숫자 뒤에 붙여 줍니다.

first	1st	첫 번째	second	2nd	두 번째
third	3rd	세 번째			

4부터 10까지는 숫자 뒤에 th를 붙여 줍니다.

fourth	4th	네 번째	fifth	5th	다섯 번째
sixth	6th	여섯 번째	seventh	7th	일곱 번째
eighth	8th	여덟 번째	ninth	9th	아홉 번째
tenth	10th	열 번째			

일상 속에서 서수가 익숙해지도록 하기 위해서는, 엄마가 무언가를 지시하여 알려 줄 때 일상생활 속에서 first, second, third와 같은 서수 표현을 사용하여 일의 순서를 알려 주는 것도 좋답니다. 예를 들어볼까요.

First, wash your hand. 맨 처음, 손을 씻어.
Second, wash your face. 두 번째, 얼굴을 씻어.
Third, brush your teeth. 세 번째, 양치를 해.

같이 보면 좋은 자료

숫자 세기에 관한 재미있는 영어 동영상

https://www.youtube.com/watch?v=bGetqbqDVaA

영상 제목 **Big Numbers Song | Count to 100 Song | The Singing Walrus**
영상 채널 The Singing Walrus — English Songs For Kids 4:22
영상 내용 아이들에게 1부터 100까지 숫자 세는 법을 노래와 함께 소개하는 동영상. 1~20까지, 20~40까지, 40~60까지, 60~80까지, 80~100까지로 나누어서 같은 리듬에 맞추어 세는 법을 보여 줍니다.

핵심 표현

Count to A. A까지 세어 봐요.
I can count from A to B. 나는 A부터 B까지 셀 수 있어요.

32 That's just the right amount!
그 정도가 딱 적당한 양이네요!

Jiho, it's lunch time. You're supposed to feed Max. | 지호야, 점심 시간이야. 네가 맥스 밥을 줘야 해.

Right, it's my turn today. He must be hungry. | 맞아요, 오늘은 제 차례예요. 맥스가 틀림없이

I'll give him lots of food. | 배가 고플 거예요. 사료를 많이 줄래요.

That's too much, honey. | 그건 너무 많아, 아가야.

Overeating is bad for his health. | 너무 많이 먹는 건 강아지 건강에 해로워.

Okay, I'll give him less. | 알았어요. 조금 적게 줄게요.

That's too little. Pour him a little bit more. | 그건 너무 적어. 조금만 더 부어 주렴.

How about this much? | 이 정도는 어때요?

That looks just about right. | 딱 적당해 보이네.

I'm getting hungry too. I want pizza for lunch. | 저도 점점 배가 고파져요. 점심으로 피자 먹고 싶어요.

How many slices do you want? | 몇 조각 줄까?

I want four slices. | 네 조각 먹고 싶어요.

Four is too many. You'll have a stomachache. | 네 조각은 너무 많아. 배가 아플 거야.

You're right. I won't eat that much. How about two? | 맞아요. 그렇게 많이 먹지 않을게요. 두 조각 어때요?

That seems to be just the right amount. | 그 정도가 딱 적당한 양인 것 같네.

저자 강의 동영상

words

a little bit 조금

Key Expressions

You are supposed to ~

You are supposed to ~는 '너는 ~ 해야 한다' 혹은 '너는 ~ 하기로 되어 있다'라는 뜻으로,
상대방이 하기로 예정되어 있는 일, 혹은 해야 하는 일에 대해 이야기할 때 쓰는 표현입니다.

예 ① **You're supposed to clean your room.** 너는 방 청소를 해야 해.

② **You're supposed to wash your hands before eating.**
먹기 전에 꼭 손을 씻어야 해.

You're supposed to wake up early tomorrow.
내일 일찍 일어나야 하거든.

Why should I go to bed early?
왜 일찍 자야 해요?

I'm getting ~

get은 여러 의미를 가진 동사인데, I'm getting+형용사.로 표현할 때에는 '나는 ~한 상태가
되다'라는 뜻입니다. 예를 들어, I'm getting nervous.라고 하면 "나는 점점 긴장돼."라는 뜻
입니다.

예 ① **I'm getting tall.** 나는 점점 크고 있어요.

② **I'm getting busy.** 나는 점점 바빠지고 있어요.

No, thanks. I'm getting full.
괜찮아요. 점점 배가 불러요.

Do you want more bread?
빵 더 줄까?

More Expressions

1. **I have little money.** 나는 돈이 조금 있어.

2. **I have little time to play.** 나는 놀 시간이 거의 없어.

3. **You have so much homework to do.** 너는 해야 할 숙제가 너무 많아.

4. **You have many bags.** 너는 가방이 많아.

5. **Few people came.** 사람들이 거의 오지 않았네.

Thema Vocabulary

Counting unit 계산 단위

bread - a loaf of bread	milk - a glass of milk
빵 - 빵 한 덩이	우유 - 우유 한 잔
sugar - a spoon of sugar	cake - a piece of cake
설탕 - 설탕 한 스푼	케이크 - 케이크 한 조각
cheese - a slice of cheese	soup - a bowl of soup
치즈 - 치즈 한 장	수프 - 수프 한 그릇
steak - a piece of steak	honey - a jar of honey
스테이크 - 스테이크 한 장	꿀 - 꿀 한 병
rice - a grain of rice	flour - a bag of flour
쌀 - 쌀 한 톨	밀가루 - 밀가루 한 포대

More Tips

양이 많고 적음을 나타내는 다양한 표현을 알아봐요.

영어에서 많음을 표현하는 형용사에는 many / much / a lot of가 있고, 적음을 표현하는 형용사로는 a few / a little이 있습니다. many와 a few는 셀 수 있는 명사의 많음, 적음을 표현할 때 쓰입니다.

I have many friends. 나는 친구들이 많아요.
I have many books. 나는 책이 많아요.
I have a few pens. 나는 펜이 조금 있어요.

much는 셀 수 없는 명사의 많음을 표현할 때, little은 셀 수 없는 명사의 양이 적음을 표현할 때 쓰입니다. 추상적인 개념의 명사나, 물이나 밀가루, 설탕처럼 개수를 셀 수 없는 물질이 셀 수 없는 명사에 해당합니다.

She has much confidence. 그녀는 자신감이 매우 많아요.
I need a little sugar. 저는 설탕이 약간 필요해요.

a lot of는 셀 수 있는 명사와 셀 수 없는 명사 앞에서 공통으로 쓰일 수 있습니다. few나 little 앞에 a가 없으면, '~가 거의 없다'는 의미가 됩니다. 다음 예문을 보세요.

I have few friends. 나는 친구가 거의 없어요.
I have little water. 물이 거의 없어요.

같이 보면 좋은 자료

양에 관한 재미있는 영어 동영상

https://www.youtube.com/watch?v=VwSRoLUCXml

영상 제목 How much How many Song by Sebnem Oral
영상 채널 Armagan Citak 0:56
영상 내용 셀 수 있는 것과 셀 수 없는 것을 재미있는 노래를 통해 구분해 봐요.

핵심 표현

How many books can you see? 책이 몇 권 보이나요?
Can you count love? 사랑을 셀 수 있나요?
You make a question with "how much."
"how much"로 질문을 만들어요.

33 Which ball should I pick?
어떤 공을 고를까요?

Mom, I would like to play throw and catch with Max. Can I use this soccer ball? | 엄마, 맥스랑 공 던져서 물어오기 하며 놀고 싶어요. 이 축구공 써도 될까요?

Isn't this ball too heavy for Max? | 맥스에게 이 공은 너무 무겁지 않을까?

How heavy is the soccer ball? | 축구공은 얼마나 무거운데요?

It's about 500g. It seems too heavy for our little puppy. | 약 500g이야. 우리 작은 강아지에게는 너무 무거워 보이는구나.

Then, what about this balloon? | 그러면, 이 풍선은 어때요?

That's too light. Also, Max can pop the balloon with his teeth. | 그건 너무 가벼워. 또 맥스가 이빨로 풍선을 터뜨릴 수도 있어.

Hmm... Which is the best ball to play with? | 흠… 어떤 공이 놀기에 가장 좋을까요?

Let me see. What about this tennis ball? | 어디 보자. 이 테니스 공은 어때?

Oh! That looks perfect. | 오! 완벽해 보여요.

Right. It's not too light nor too heavy. | 그래. 너무 가볍지도 너무 무겁지도 않지.

Yes, Max seems to like this tennis ball. | 네, 맥스가 이 테니스 공을 좋아하는 거 같아요.

Thank you, Mom. | 감사해요, 엄마.

My pleasure. Have fun, sweetie. | 도움이 되어 기쁘구나. 재미있게 놀렴, 귀염둥이야.

 저자 강의 동영상

Key Expressions

Isn't this ~?

Isn't this ~?는 '이건 ~하지 않아?' 혹은 '이건 ~ 아니야?'라고 묻는 질문으로 상대방의 동의를 구하는 뉘앙스가 담겨 있습니다. 질문에 대해 부정이면 No로, 긍정이면 Yes로 대답합니다.

예 　① **Isn't this too heavy for you?** 이건 너에게 너무 무겁지 않아?

　　② **Isn't this yours?** 이건 네 것 아니야?

Isn't this too big for you?
이건 너에게 너무 크지 않아?

No, it isn't. It's just right for me.
아니요, 그렇지 않아요. 저에게 딱 맞아요.

How heavy ~?

무게를 물어볼 때에는 'How heavy+be 동사+주어?'로 표현합니다. be 동사는 주어의 인칭과 수에 의해 결정되겠지요.

	am	I?
How heavy	are	you / we / they?
	is	he / she / it?

예 　① **How heavy is the desk?** 책상이 얼마나 무거워?

　　② **How heavy are the toys?** 장난감들이 얼마나 무거워?

How heavy are you?
몸무게가 얼마나 돼?

I'm 20kg.
20킬로그램이에요.

More Expressions

1. **Which one is light?** 어떤 것이 가볍지?

2. **Let's weigh the apples with a scale.** 저울로 사과의 무게를 재어 보자.

3. **How much do you weigh?** 몸무게가 얼마나 나가?

4. **Did you gain / lose weight?** 살이 쪘어? / 빠졌어?

5. **You became heavy.** 무거워졌구나.

Thema Vocabulary

Appearance 외모

skinny	thin	slim
마른	마른	날씬한, 호리호리한
slender	**chubby**	**plump**
날씬한, 가느다란	통통한	토실토실한
fat	**obese**	**well-built**
뚱뚱한	비만인	체격이 좋은
tall	**short**	**stocky**
키가 큰	키가 작은	땅딸막한, 다부진
handsome	**pretty**	**cute**
잘생긴	예쁜	귀여운
beautiful	**good-looking**	**lovely**
아름다운	잘생긴	사랑스러운, 매력적인

More Tips

비교하는 표현을 영어로 배워 봐요. 비교를 할 때 쓰이는 형용사로 '더 ~한'의 의미를 갖는 형용사를 형용사의 비교급이라고 합니다. 형용사에 -(e)r을 붙인 형태인데, 형용사가 -y로 끝나면 y를 i로 바꾸고 -er을 붙여 줍니다. 단어가 길 때에는 앞에 more를 붙이면 된답니다. 형용사 비교급을 쓴 다음에는 than과 비교할 대상을 써 주면 됩니다.

<원급>	<비교급>
tall 키가 큰	**taller** 더 키가 큰
short 짧은	**shorter** 더 짧은
heavy 무거운	**heavier** 더 무거운
light 가벼운	**lighter** 더 가벼운
beautiful 아름다운	**more beautiful** 더 아름다운
difficult 어려운	**more difficult** 더 어려운

다음의 예를 참고해 보세요.

Henry is taller than Jake. 헨리는 제이크보다 키가 큽니다.
Jake is shorter than Henry. 제이크는 헨리보다 키가 작습니다.
A straw is lighter than a pen. 빨대는 펜보다 가볍습니다.
A pen is heavier than a straw. 펜은 빨대보다 무겁습니다.

같이 보면 좋은 자료

무게에 관한 재미있는 영어 동영상

https://www.youtube.com/watch?v=qUOQrXmfwDM

영상 제목 **Is it Heavy or Light | Jack Hartmann Measurement Song**
영상 채널 Jack Hartmann Kids Music Channel 2:42
영상 내용 일상생활 속 다양한 물건들을 소개하며, 무겁고 가벼움을 노래로 표현합니다. 단순한 문장으로 되어 있어, 아이들이 무게에 대한 개념을 이해하기 쉽습니다.

핵심 표현

Heavy heavy. A chair is heavy. 무거워요 무거워요. 의자는 무거워요.
Light light. A pencil is light. 가벼워요 가벼워요. 연필은 가벼워요.
What is heavy? 무엇이 무거운가요?
What is light? 무엇이 가벼운가요?

34 This is my favorite pencil
이건 내가 가장 좋아하는 연필이에요

Jiho, make sure to put your pencils	지호야, 연필들을 꼭 필통에 넣거라.
in the pencil case. They can break easily.	쉽게 부러지거든.
Okay. I want to bring this blue pencil to my class.	알았어요. 이 파란 연필을 수업에 가져가고 싶어요.
Isn't that pencil too short?	그 파란 연필은 너무 짧지 않아?
No. This is my favorite pencil.	아니요. 이건 제가 가장 좋아하는 연필이에요.
All right, honey. You can bring it.	그래, 아가야. 그거 가져가도 돼.
However, you'll need a long pencil too.	하지만, 긴 연필도 필요할 거야.
Take the pink one with you.	이 분홍색 연필을 가져가렴.
I will. I also want to take this ruler.	그럴게요. 이 자도 가져가고 싶어요.
Isn't it too long for the pencil case?	그건 저 필통에는 너무 길지 않을까?
How long is the ruler?	자가 얼마나 길지?
It's 30 centimeters long.	30센티미터예요.
How long is the pencil case?	필통은 얼마나 길지?
You can use this ruler. Measure it like this.	이 자를 사용해 봐. 이렇게 재 보렴.
It's 20 centimeters long.	20센티미터예요.
The ruler is too long to fit in the pencil case.	이 자는 필통에 들어가기엔 너무 길구나.
Why don't you put this short ruler? It'll fit.	이 짧은 자를 넣는 게 어때? 잘 맞을 거야.
You're awesome!	엄마 최고예요!

 저자 강의 동영상

Key Expressions

Make sure to ~

Make sure to ~는 '꼭 ~해' 혹은 '반드시 ~해'의 의미로 상대가 해야 할 일을 말해 줄 때 사용하는 표현입니다. to 다음에는 동사 원형이 옵니다.

예 ① **Make sure to have breakfast every day.** 매일 아침을 꼭 먹으렴.
　 ② **Make sure to finish that book.** 그 책을 반드시 다 읽으렴.

Make sure to take your umbrella.
꼭 우산을 가져가렴.

I will. Thank you.
그럴게요. 감사해요.

How long is ~?

How long is ~?는 '~은 얼만큼 길어?'라는 뜻으로 길이를 묻는 표현입니다. is 다음에는 길이를 물을 대상을 명사의 형태로 쓰면 됩니다. 길이를 묻는 대상에 따라 be 동사도 바뀝니다. 답변을 할 때에는, '주어+동사+길이와 단위+long.'으로 합니다.

예 ① **How long is this straw?** 이 빨대는 얼마나 길어?
　 ② **How long is the rope?** 그 밧줄은 얼마나 길어?

How long is this table?
이 탁자는 얼마나 길어?

It's 2 meters long.
2미터예요.

More Expressions

1. **Your dad's legs are long. But our puppy's legs are short.**
   네 아빠 다리는 길어. 하지만 우리 강아지 다리는 짧아.

2. **My hair is longer than yours.** 내 머리카락은 네 머리카락보다 길어.

3. **Your fingernails grew longer.** 네 손톱이 더 길게 자랐어.

4. **That hose is too short. This hose is long enough to reach the fish tank.**
   그 호스는 너무 짧아. 이 호스가 어항에 닿을 만큼 충분히 길어.

5. **Let's find something long / short in our house.** 우리 집에서 긴 / 짧은 물건을 찾아보자.

Thema Vocabulary

Classroom 교실

teacher	student	front door
선생님	학생	앞문
back door	**window**	**desk**
뒷문	창문	책상
chair	**board**	**chalk**
의자	칠판	분필
map	**cabinet**	**poster**
지도	사물함	포스터
drawing	**flag**	**televison**
그림	국기, 깃발	텔레비전
computer	**umbrella stand**	**flowerpot**
컴퓨터	우산꽂이	화분

More Tips

길이와 관련된 관용구를 배워 봐요.

첫 번째 표현은 **make a long story short** 입니다. '긴 이야기를 짧게 만들다'라는 뜻으로, '요약하자면'이라는 의미입니다.

두 번째 표현은 **long shot** 이라는 표현입니다. 멀리서 무언가를 던지면 맞추기가 어렵지요. 이렇듯 long shot이라는 표현은 '요원한 일, 가능성이 낮은 일'을 표현하고 싶을 때 쓸 수 있습니다.

세 번째 표현은 **draw a short straw** 입니다. 직역하면 '짧은 빨대를 뽑다'인데요. 빨대의 끝을 가지런히 맞춰 놓고 짧은 빨대를 뽑는 사람이 불리한 일을 하게 되는 제비뽑기에서 나온 표현으로, '불리한 일을 맡다'라는 뜻입니다. 따라서, It looks like I drew a short straw. I'll have to clean the house.라고 말한다면, "내가 걸린 것 같네. 내가 집을 치워야겠어."라는 뜻이 되겠지요.

같이 보면 좋은 자료

길이에 관한 재미있는 영어 동영상

https://www.youtube.com/watch?v=aLsmFbW8ikU

영상 제목 Long and Short | Comparison for Kids | Learn Pre-School Concepts
　　　　 with Siya | Part 3

영상 채널 Roving Genius 1:18

영상 내용 영상과 함께 주변에서 찾을 수 있는 물건들의 길이를 비교해 보아요.

핵심 표현

Today let's compare objects using their lengths.
오늘은 길이를 사용하여 물건을 비교해 보아요.

Here is a pencil and an eraser. 여기 연필과 지우개가 있어요.

The pencil is long while the eraser is short.
지우개는 짧은 반면에 연필은 길어요.

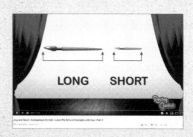

35 What time is it? 몇 시예요?

Jiho, it's time to go to kindergarten.	지호야, 유치원에 갈 시간이야.
What time is it now?	지금 몇 시예요?
Look at the clock. The short hand is on eight.	시계를 보렴. 짧은 바늘이 8에 있어.
The long hand is on twelve.	긴 바늘은 12에 있네.
It's eight o'clock. Am I late?	8시네요. 저 늦었어요?
You're not late yet. But you should hurry.	아직 늦은 건 아니야. 하지만 서둘러야 해.
What time does the bus come?	버스는 몇 시에 와요?
It comes at eight ten. Did you brush your teeth?	8시 10분에 와. 양치했어?
Not yet. I'll brush my teeth right now.	아직이요. 지금 바로 양치할게요.
It's eight oh* five. Are you ready?	지금 8시 5분이야. 준비됐어?
Yes, I'm ready, Mom. Let's go out.	네, 준비됐어요, 엄마. 이제 나가요.

> * 영어로 0 을 표현할 때 zero라고 읽기도 하지만 아라비아 숫자 0과 알파벳 o가 모양이 비슷하다는 점 때문에 종종 숫자를 나열할 때 숫자 0을 oh라고 읽기도 한답니다.

저자 강의 동영상

words

short hand 짧은 바늘
long hand 긴 바늘
right now 지금 당장
go out 나가다, 외출하다

Key Expressions

What time is it?

"몇 시야?"라고 시간을 물을 때 쓰는 표현입니다. 시간을 말할 때는 주어를 it으로 표현하면서, 따로 해석하지 않습니다. 시간 질문에 대한 대답은 'It is / It's + 시간.'으로 하면 됩니다.

예 ① **What time is it now?** 지금 몇 시죠?

② **It's 3 o'clock.** 세 시야.

What time is it now?
지금 몇 시예요?

It's noon.
정오야.

What time do / does+주어+동사?

'몇 시에 ~(누구)가 ~하니?'라고 묻는 표현입니다. What time 뒤에 주어에 맞게 do / does를 넣어 주면 됩니다.

		do	I / you	
What time	+	does	he / she / it	동사?
		do	we / they	

예 ① **What time do you wake up?** 몇 시에 일어나?

② **What time does the class begin?** 몇 시에 수업이 시작돼?

What time do you exercise?
몇 시에 운동해?

I exercise at 10.
10시에 운동해요.

More Expressions

[1] **It's time to have breakfast!** 아침 먹을 시간이야!

[2] **Can you read the clock?** 시계를 볼 수 있니?

[3] **Let's have lunch at noon.** 정오에 점심을 먹자.

[4] **We don't have much time.** 우리는 시간이 많지 않아.

[5] **Take your time.** 천천히 해.

Thema Vocabulary

Time 시간

clock	watch	wall clock
시계	손목시계	벽시계
o'clock	**second**	**minute**
~시	초	분
hour	**second hand**	**minute hand**
시, 1시간	초침	분침
hour hand	**short hand**	**long hand**
시침	짧은 바늘	긴 바늘
early	**late**	**in the morning**
이른	늦은	아침에
in the afternoon	**in the evening**	**at night**
오후에	저녁에	밤에
at noon	**read the clock**	**alarm clock**
정오에	시계를 보다, 시간을 읽다	자명종, 알람 시계

아이들과 함께 시간과 분을 말해 볼까요? 영어로 몇 시 몇 분이라고 말할 때에는 시간, 분을 이어서 말하면 됩니다.

> **It's three twenty.** 3시 20분이야.
> **It's eleven five.** 11시 5분이야.

한 걸음 더 나아가서 past와 to를 사용한 표현을 배워 볼까요? past는 '지난'의 의미로, past를 사용할 때에는 분을 먼저 말합니다.

> **It's ten past two.** 2시 10분이야.
> **It's five past eight.** 8시 5분이야.

반면에 몇 분 전이라고 표현할 때에는 to를 사용한답니다. 언급한 시간이 되려면 몇 분이 남았다고 표현하는 거지요. to를 사용할 때에도 분을 먼저 말합니다.

> **It's ten to six.** 6시 10분 전이야.
> **It's five to twelve.** 12시 5분 전이야.

같이 보면 좋은 자료

시계 보기에 관한 재미있는 영어 동영상

https://www.youtube.com/watch?v=ElxaxnageTo

영상 제목 **Learn to Tell Time #1 | Telling the Time Practice for Children | What's the Time? | Fun Kids English**

영상 채널 Fun Kids English 4:13

영상 내용 우리 같이 시계 보는 법을 배워요!
지금은 몇 시일까요? 지금은 1시입니다!

핵심 표현

What time is it now? 지금 몇 시죠?
It's 1 o'clock. 1시입니다.

36 Where is my cat?
고양이는 어디 있나요?

I'm about to give Gary a bath. Where is Gary? | 지금 막 게리를 목욕시키려고 해. 게리 어디 있니?

Dad and I will look for him. | 아빠랑 내가 찾아볼게요.

Is Gary in his house, Dad? | 아빠, 게리가 자기 집 안에 있어요?

No, he isn't. Where can he be? | 아니, 없어. 어디에 있을까?

He might be under the desk. | 책상 밑에 있을지도 몰라요.

It's his favorite spot. Oh, he's not here. | 게리가 가장 좋아하는 장소거든요. 오, 여기 없네요.

Oh! I found him. He's behind the desk. | 오! 내가 찾았어. 게리는 책상 뒤에 있어.

Take him, Jiho. | 지호야, 데리고 가렴.

Jiho, can you put him in the bathtub? | 지호야, 게리를 욕조 안에 넣어 줄 수 있어?

Sure. Should I bring you the cat shampoo? | 물론이죠. 고양이용 샴푸도 가져다 드릴까요?

Yes. I put the shampoo in front of the door. | 응, 내가 샴푸를 문 앞에 놔두었어.

Here it is. Do you need this towel | 여기 있네요. 샴푸 옆에 있는 이 수건도

next to the shampoo? | 필요해요?

Yes, please. You're such a good helper, sweetie. | 그래, 주렴. 엄마를 참 잘 도와주네, 우리 귀염둥이.

Yes, I think I'm cut out for searching and helping. | 네, 나는 찾기와 돕기에 소질이 있는 것 같아요.

No wonder! | 정말 그러네!

 저자 강의 동영상

Key Expressions

I'm about to ~

I'm about to ~는 '나는 막 ~하려는 참이다'라는 뜻으로, 곧 일어날 일 혹은 지금 막 시작하려 하는 일이나 계획을 말할 때 쓸 수 있는 표현입니다. to 다음에는 동사 원형을 쓰면 됩니다.

예
1. **I'm about to step out.** 막 나서려는 참이야.
2. **I'm about to cook dinner.** 막 저녁을 요리하려던 참이야.

Is it urgent? I'm about to answer the phone.
급한 일이니? 지금 전화를 받으려던 참이야.

Do you have time now?
지금 시간 있으세요?

I'm cut out for ~

be cut out for는 '~에 적합하다' 혹은 '~에 소질이 있다'라는 뜻으로, 자신의 재능이나 특기를 상대에게 설명할 때 쓸 수 있는 표현입니다. for 다음에는 명사나, 동사에 -ing를 더한 형태인 동명사가 옵니다.

예
1. **I'm cut out for playing music.** 나는 음악 연주에 소질이 있어요.
2. **I'm cut out for teaching.** 나는 가르치는 것에 소질이 있어요.

What are you good at?
너는 어떤 것을 잘해?

I'm cut out for painting.
나는 그림에 소질이 있어요.

More Expressions

1. **Is the ball in the box?** 공은 상자 안에 있어?

2. **What is on the desk?** 책상 위에 뭐가 있어?

3. **There is a bridge over the river.** 강 위에 다리가 있어.

4. **Read the sentence below.** 아래 문장을 읽어 봐.

5. **Please come and sit beside me.** 와서 내 옆에 앉아.

Thema Vocabulary

Position and Direction 위치와 방향

in	out	on
~ 안에	~ 밖에	~ 위에, ~에
above	**over**	**under**
~ 위에	~ 위에	~ 아래에
below	**beside**	**before**
~ 아래에	~ 옆에	~ 전에
through	**between**	**in front of**
~을 통해	~ 사이에	~ 앞에
in the middle of	**in back of**	**into**
~의 중간에	~의 뒤에	~ 안으로
out of	**with**	**across**
~의 밖으로	~와 함께	~을 건너서
around	**after**	**behind**
~의 주변에	~ 뒤에	~ 뒤에

More Tips

on/over/above는 '~ 위에'라는 뜻으로 의미가 비슷하지만, 미묘한 뉘앙스의 차이가 있습니다. 여기서는 이 차이에 대해 자세히 알아보도록 하겠습니다. on은 표면에 사물이나 대상이 접촉해 있을 때 사용합니다.

The pencil is on the book. 연필은 책 위에 있습니다.
You need to knock on the door. 노크를 해야 해요.

over는 공간적으로 보았을 때, 어떤 사물이 아래에 있는 사물 전반을 덮고 있거나, 가로질러 존재하는 상태를 가리킬 때 사용합니다.

I put a blanket over the dog. 저는 강아지에게 담요를 덮어 주었어요.
I usually wear a sweater over my blouse. 저는 블라우스 위에 주로 스웨터를 겹쳐 입어요.
I jumped over the block. 저는 블록을 뛰어넘었습니다.

above는 위에 있는 사물이 아래 위치한 사물과 거리가 있을 때 사용합니다.

The clouds are above us. 구름이 우리 위에 있어요.

같이 보면 좋은 자료

위치 표현에 관한 재미있는 영어 노래

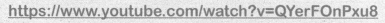

https://www.youtube.com/watch?v=QYerFOnPxu8

영상 제목 "안에 위에 밑에" 클립 – 재미난 영어 교육, 아기들 영어, 영어 배우기, ESL
영상 채널 Dusy Deavers 3:47
영상 내용 재미있는 영상과 노래를 통해 위치를 나타내는 표현을
　　　　　배워 보아요!

핵심 표현

Where is the cat? 고양이는 어디에 있나요?
The cat is in the hat. 고양이는 모자 안에 있어요.

Part **8**

Field Trip
현장 학습

37 Let's cross over! 길을 건너자!

Mom, I'm thirsty. I want something cold.　　엄마, 목이 말라요. 뭔가 차가운 것이 먹고 싶어요.

I know what you want. You want ice cream, right?　　뭘 원하는지 나는 알지. 아이스크림 먹고 싶지, 그렇지?

You got me!　　들켰네요!

Okay, honey. The store is across the street.　　좋아, 아가. 가게가 길 건너에 있네.

It seems like we need to cross over.　　길을 건너야 할 것 같구나.

Let's cross over now, Mom. There are no cars.　　지금 건너요, 엄마. 차가 없어요.

Jiho, you cannot cross here.　　지호야, 여기서 건너면 안 돼.

We should cross at the crosswalk.　　횡단보도에서 건너야지.

Oh, I see. The green light is flashing. Let's run!　　오, 알았어요. 초록불이 깜박거려요. 뛰어요!

It seems like it'll turn red soon.　　금방 빨간 불로 바뀔 것 같아.

Let's wait for the next light.　　다음 신호를 기다리자.

Okay. It's a green light!　　알았어요. 초록불이에요!

Please hold my hand and walk on the right side.　　엄마 손을 잡고, 오른편으로 걸으렴.

I'll put my right arm up like this.　　이렇게 오른팔을 들게요.

Brilliant!　　아주 똑똑하구나!

저자 강의 동영상

words
cross over 건너다
right side 오른편

170

Key Expressions

It seems like ~

It seems like ~는 '~인 것 같다'의 의미로 자신의 생각이나 느낌을 조심스럽게 밝힐 때 쓸 수 있는 표현입니다. like 다음에는 명사가 올 수도 있고, 주어와 동사가 들어간 완벽한 문장이 올 수도 있습니다.

예 ① **It seems like we need to use the underpass.** 지하도를 이용해야 할 것 같아.

② **It seems like a nice restaurant.** 좋은 식당 같아.

It seems like your toy.
네 장난감 같아.

There is something on the sofa.
소파에 뭐가 있어요.

You cannot / can't ~

You cannot / can't ~는 '당신은 ~할 수 없다'라고 불가능을 표현하기도 하지만, '당신은 ~하면 안 된다'라는 금지의 의미로도 사용됩니다. 아이에게 하면 안 되는 것을 알려 줄 때 유용하게 쓸 수 있는 표현입니다.

예 ① **You can't jaywalk.** 무단 횡단을 하면 안 돼.

② **You cannot just go by yourself.** 그냥 혼자 가면 안 돼.

You can't just run. Check for cars.
그냥 뛰면 안 돼. 차가 오는지 보자.

I'm sorry. I'll check.
죄송해요. 확인할게요.

More Expressions

1. **Let's wait until the cars stop.** 차들이 멈출 때까지 기다리자.

2. **Check both sides before you go.** 가기 전에 양쪽을 잘 살피렴.

3. **You need to stop in front of the crosswalk.** 횡단보도 앞에서는 멈춰야 해.

4. **Look at the traffic light.** 신호등을 봐.

5. **Don't cross the street alone.** 혼자 길을 건너면 안 돼.

Thema Vocabulary

Road and Street 도로와 거리

traffic light	red light	green light
신호등	빨간 신호등, 정지 신호	초록 신호등, 보행 신호
underpass	**overpass**	**crosswalk**
지하도	육교	횡단보도
sidewalk	**road**	**street**
인도	도로	거리
way	**lane**	**intersection**
길	차선	교차로
roundabout	**road sign**	**street light**
로터리	도로 표지판	가로등
ramp	**parking lot**	**parking meter**
고속도로 진입로, 경사로	주차장	주차 요금 징수기

More Tips

횡단보도의 다른 표현들을 배워 봐요.

첫 번째 표현은 <u>pedestrian crossing</u> 입니다. '보행자'를 뜻하는 pedestrian과 '건널목'의 뜻을 지닌 crossing이 만나 합쳐진 표현입니다.

두 번째 표현은 <u>zebra crossing</u> 인데, 어두운 노면과 횡단보도의 무늬를 얼룩말에 빗댄 표현입니다. 참고로, 영국과 홍콩에서는 노랑과 검정색으로 보행자와 자전거가 건너는 곳을 표시하기도 해서 <u>tiger crossing</u> 이라는 표현도 쓰이곤 했습니다.

같이 보면 좋은 자료

길 건너기에 관한 재미있는 영어 동영상

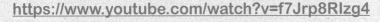

https://www.youtube.com/watch?v=f7Jrp8RIzg4

영상 제목 **Crossing the Street | I Love to Learn: Music for Kids, Preschool Songs, Kids Songs, Nursery Rhymes**

영상 채널 PlayKids 2:40

영상 내용 길을 건널 때 주의할 사항들을 영어로 배워 봐요!

핵심 표현

Never cross when it's red. 빨간 불일 때는 건너면 안 돼요.
You need to look both ways. 양쪽을 다 살펴봐야 돼요.
Never cross the street alone. 혼자 길을 건너면 안 돼요.
Never stop in the middle. 중간에 멈춰 서면 안 돼요.

38 Let's take mom's car

엄마 차를 타요

Jiho, let's go to your grandma's house.
지호야. 할머니 댁에 가자.

Yay! Are we going to take a bus?
야호! 버스 탈 거예요?

No, let's go by car.
아니, 차로 가자.

Where did you park your car? Let me find it.
엄마 차 어디에 세웠어요? 제가 찾아볼게요.

Jiho, don't go by yourself. You should always
지호야, 혼자 가면 안 돼. 주차장에서는 언제나

stay with me in the parking lot.
엄마 옆에 붙어 있어야 해.

Why? I'm a big boy now.
왜요? 저도 이제 다 컸어요.

I know. But cars can come from any direction.
알아. 하지만 자동차들이 어디서든 올 수 있거든.

We need to watch out for cars.
차를 조심해야 해.

I see. Mom, I found your car!
알았어요. 엄마, 차 찾았어요!

Good. Let's get in. I'll open the door for you.
잘했네. 차에 타자. 엄마가 문 열어 줄게.

Can I sit in the front?
앞에 앉아도 돼요?

Sorry, dear. You need to sit in the back.
미안해. 아가. 넌 뒷좌석에 앉아야 해.

I'll fasten your seat belt.
엄마가 안전벨트 매어 줄게.

Okay, Mom. How long does it take?
알았어요. 엄마. 얼마나 걸려요?

It'll take about 30 minutes.
30분 정도 걸릴 거야.

Off we go!
출발!

저자 강의 동영상

words

parking lot 주차장   watch out 조심하다
get in 타다   seat belt 안전벨트
how long 얼마나 오래

Key Expressions

You need to ~

You need to ~는 상대에게 해야 할 일이나 규칙을 알려 줄 때 쓸 수 있는 표현입니다. '~해야 한다'라는 의미로 해석하며, to 다음에는 동사 원형을 씁니다. need to는 have to와 비슷한 의미를 가지지만, have to보다는 의무의 성격이 조금 약합니다.

예 ① **You need to be careful.** 조심해야 해.

② **You need to sit on your car seat.** 카시트에 앉아야 해.

You need to tidy up your room.
네 방 정리를 해야겠구나.

I'll do it later.
나중에 할게요.

How long does it take ~?

"얼마나 걸려?"라는 뜻으로, 소요되는 시간을 물어볼 수 있는 표현입니다. 이에 대한 대답을 할 때에는 It takes ~로 시작해 소요 시간을 언급합니다.

예 ① **How long does it take?** 시간이 얼마나 걸려요?

② **How long does it take from here?** 여기서부터 시간이 얼마나 걸리나요?

It takes about 1 hour.
1시간쯤 걸려.

Is the museum far? How long does it take by car?
박물관이 멀리 있어요? 차로 얼마나 걸려요?

More Expressions

1. **We all need to buckle up.** 우리는 모두 안전벨트를 매야 해.

2. **We're almost there.** 거의 다 왔어.

3. **We're here. Let's get out of the car.** 도착했어. 차에서 내리자.

4. **Are you getting carsick?** 멀미 나니?

5. **You can sleep. I'll wake you up when we get there.** 자도 돼. 도착하면 깨워 줄게.

Thema Vocabulary

Vehicle 탈것

car	taxi	bus	train
자동차	택시	버스	기차
subway	**truck**	**motorcycle**	**ambulance**
지하철	트럭	오토바이	구급차
police car	**fire engine**	**garbage truck**	**van**
경찰차	소방차	쓰레기차	승합차
sports car	**convertible**	**double decker**	**helicopter**
스포츠카	오픈카	이층 버스	헬리콥터
airplane	**ferry**	**ship**	**yacht**
비행기	연락선	배	요트

More Tips

탈것을 탈 때의 표현을 알아볼까요?

타다 get in / hop in / get on

내리다 get off / get out of

이 표현들은 차를 직접 타고 내리는 동작을 묘사할 때 씁니다. 예를 들어, Let's get in the car.라고 표현을 하면 차에 오르자고 제안하는 것이지요. 참고로, 교통 수단을 '이용하다'의 의미로 쓰이는 타다는 take를 씁니다. 예를 들어, "버스를 타고 가자."라고 제안할 때는, Let's take a bus.와 같이 take라는 표현을 씁니다.

같이 보면 좋은 자료

자동차와 관련한 재미있는 그림책

책제목 **My Car**   작가 **Byron Barton**
출판사 **HarperCollins**

어린 아이들이 가장 좋아하는 자동차를 주제로 한 책으로, 원색을 사용한 그림이 아이들의 시선을 사로잡습니다. 차의 각 부분과 용도를 설명하고, 주행 중에 지켜야 할 교통 법규까지 알기 쉬운 표현으로 익히기에 적합한 책입니다.

핵심 표현

This is my car. 이건 내 차예요.

I love my car. 나는 내 차를 사랑하죠.

I keep my car clean. 나는 차를 깨끗이 관리해요.

My car has lights to see at night.
내 차에는 밤에 사용하는 라이트가 있어요.

I obey the laws. 나는 법규를 지켜요.

39 I am taking the subway today 오늘은 지하철을 타요

Jiho, let's go to the department store.

지호야, 백화점 가자.

Where is it?

백화점이 어딘데요?

It's nearby Samseong station.

삼성역 근처야.

We had better take the subway.

지하철을 타는 게 좋겠다.

Which subway line do we take?

몇 호선 타요?

We need to take line no. 2.

2호선 타야 해.

Let's walk to Jamsil station.

잠실역까지 걸어가자.

How many stops should we go?

몇 정거장 가야 해요?

Look at this subway map. We're here. See?

이 지하철 노선도를 봐. 우린 여기 있어. 보이지?

It's 3 stops away from here.

여기서부터 3정거장 떨어져 있어.

It's not far. Let's go to the platform.

멀지 않네요. 승강장으로 가요.

I can't wait to ride the subway.

지하철 타는 것이 매우 기대돼요.

Wait! I need to tag my card to pass the gate.

잠깐만! 게이트를 통과하려면 카드를 찍어야 해.

Right. We're passing through!

맞아요. 지나갑니다!

Step behind the safety line, honey.

안전선 뒤에 서, 아가.

Okay, Mom. The train is coming.

알았어요, 엄마. 지하철이 오고 있어요.

We should wait until others get off.

다른 사람들이 내릴 때까지 기다려야 해.

Now let's get on.

이제 타자.

저자 강의 동영상

words

department store 백화점   subway line 지하철 노선
subway map 지하철 노선도   safety line 안전선   get off 내리다   get on 타다

Key Expressions

We had better ~

had better는 '~하는 것이 나을 것이다/좋을 것이다'라는 뜻으로, 제안을 할 때 쓸 수 있는 표현입니다. had better 다음에는 동사 원형을 씁니다. '~하지 않는 게 낫겠다'라고 말할 때는 had better not에 동사 원형을 쓰면 됩니다. 상황에 따라 had better는 강한 어조로 쓰이기도 합니다. 이를테면 아이가 방을 마구 어질러 놓은 상황에서 엄마가 화가 나, You'd better clean up now.라는 표현을 써서 "지금 청소하는 게 좋을 거야."라고 말한다면, "지금 청소 안하면 혼날 수 있어."라는 뉘앙스를 띄게 됩니다.

예 ① **We had better hurry.** 서두르는 게 좋겠어.
② **We had better not run.** 뛰지 않는 게 좋겠어.

We're running late.
늦었네요.

We had better go now quickly.
지금 빨리 가는 게 낫겠다.

I can't wait to ~

'~하는 것을 매우 기대하다'라는 뜻으로, 기대감을 표현할 때 쓸 수 있는 말입니다. 직역을 하면 기다릴 수 없다는 말 같지만, 실제로는 기다리는 시간이 힘들 만큼 기대가 된다는 의미를 갖고 있습니다. to 다음에는 동사 원형이 옵니다.

예 ① **I can't wait to take a trip.** 여행 가는 것이 매우 기대돼요.
② **I can't wait to meet my friends.** 친구들 보는 것이 매우 기대돼요.

I can't wait to see her.
그 애를 보는 것이 매우 기대돼요.

Sumin will come to our house today.
수민이가 오늘 우리 집에 올 거야.

More Expressions

1. **This is a priority seat.** 여기는 노약자석이야.

2. **Watch your step, there is a gap.** 틈이 있으니, 발걸음을 조심해.

3. **We have to go seven more stops.** 우리는 일곱 정거장을 더 가야 해.

4. **We have to get off at the next station.** 우리는 다음 역에서 내려야 해.

5. **Let's take a look at this subway map.** 이 지하철 노선도를 보자.

Thema Vocabulary

Subway station 지하철역

ticket	ticket window	transit card	fare
표	매표 창구	교통 카드	운임
vending machine	turnstile	line No.1	subway exit
자판기	회전식 개찰구	1호선	지하철 출구
platform	stop	safety line	subway map
승강장	정거장	안전선	지하철 노선도
screen door	handle	seat	passenger
스크린 도어	손잡이	자리	승객

More Tips

무임승차는 영어로 뭐라고 할까요? 무임은 '돈을 내지 않음'을 뜻하고, 승차는 '차에 오르다'라는 의미죠. 이를 그대로 표현하여, **free + ride** 라고 하면 무임승차라는 뜻이 됩니다. 그래서 무임승차 행위는 free riding, 무임승차를 하는 사람은 free rider라고 표현하면 됩니다.

이 표현은 꼭 대중교통의 무임승차에만 국한된 것은 아닙니다. 다른 사람의 노력에 편승해 가는 사람을 말할 때, He is the free rider! 즉 "저 남자는 무임승차객이야!"라고 표현할 수 있습니다.

지하철 무임승차객을 나타내는 표현도 있을까요? 지하철의 회전식 개찰구는 영어로 **turnstile** 이에요. 이 개찰구를 뛰어넘어 무임승차를 하는 사람들을 turnstile jumpers, 혹은 turnstile hoppers 라고 합니다. 그럼, 아이들에게 무임승차를 절대 하지 말 것을 가르칠 때 사용할 수 있는 표현을 알아보도록 합니다.

Turnstile jumping is bad. We should never do that. 무임승차는 나빠. 절대 하지 말아야 해.

같이 보면 좋은 자료

지하철에 관한 재미있는 영어 노래

https://www.youtube.com/watch?v=BpkY2FKII_w

영상 제목 **Let's Take the Subway | Sing Along with Tobee | Kids Songs**
영상 채널 Super Simple Songs – Kids Songs 2:25
영상 내용 Tobee는 지하철을 타 본 적이 없어요. 지하철이 무서워서, 주저하는 Tobee에게 지하철은 무서운 것이 아니라는 것을 재미있는 노래로 함께 가르쳐 줘요!

핵심 표현

Taking the subway is fun. 지하철을 타는 것은 재미있어요.
Hold the rail as we go down. 내려갈 때는 손잡이를 꼭 잡아요.
Let's take the subway. 지하철을 탑시다.
Stand back and let the people through.
뒤로 물러서서 사람들이 지나갈 수 있게 해 줘요.
Find a seat or hold on tight. 자리를 찾거나 꼭 잡아요.

40 I love going to the library

도서관에 가는 게 좋아요

Jiho, did you finish your juice? You should not bring food or beverage inside the library.

지호야, 주스 다 마셨어? 도서관 안에 음식이나 음료를 가져가면 안 되거든.

Why not?

왜 안 돼요?

If we spill juice on the books, the books will get dirty. We need to take good care of the books.

주스를 책에 쏟으면, 책이 더러워지잖아. 책을 소중히 다뤄야 해.

I see. I'll quickly finish it. Give me a second.

알겠어요. 빨리 다 마실게요. 잠시만요.

I'm ready to go.

갈 준비 됐어요.

The children's books are over there.

아이들 책은 저기 있단다.

Go ahead and pick some books.

가서 책 골라 보렴.

I want to read *Bear Hunt*. Can you read it for me?

"Bear Hunt" 읽고 싶어요. 읽어 주실래요?

Sure, but I should not read out loud here.

물론이지, 하지만 여기서 큰 소리로 읽어서는 안 돼.

Why not?

왜 안 돼요?

Because other people are reading books too.

왜냐하면 다른 사람들도 책을 읽고 있잖아.

We can borrow this book and read it out loud at home.

우리는 이 책을 빌려서 집에서 큰 소리로 읽을 수 있어.

I like that! I would like to borrow more books. Can I?

좋아요! 책을 더 빌리고 싶어요. 그래도 되나요?

Sure! You can borrow four more books.

물론이지! 4권 더 빌릴 수 있어.

Why don't you go and choose the books?

가서 책을 골라 보는 게 어때?

저자 강의 동영상

words

take care of ~을 보살피다, 소중히 하다   read out 소리내어 읽다

Key Expressions

You should not ~

You should not ~은 '너는 ~해서는 안 돼'라는 표현으로, 하지 말아야 하는 행동을 상대에게 알려 줄 때 사용합니다. should not 다음에는 동사 원형을 씁니다.

예 　① **You should not tear the books.** 그 책들을 찢으면 안 돼.

　　② **You should not run.** 뛰면 안 돼.

This water is too hot. You should not drink it fast.
이 물은 너무 뜨거워. 빨리 마시면 안 돼.

Okay. I'll wait.
알았어요. 기다릴게요.

I'm ready to ~

I'm ready to ~는 '나는 ~ 할 준비가 되었다'라는 뜻으로, 다음 단계나 동작으로 넘어가도 좋은 상태임을 알려 줄 때 사용할 수 있습니다.

예 　① **I'm ready to go out.** 밖에 나갈 준비가 됐어요.

　　② **I'm ready to take a bath.** 목욕할 준비가 됐어요.

Yes, I'm ready to go.
네, 저는 갈 준비가 됐어요.

Are you ready to leave?
떠날 준비가 됐니?

More Expressions

1 **You can choose books.** 책을 골라도 돼.

2 **How many books are you going to borrow?** 책을 몇 권 빌릴 거야?

3 **Let's check out these books.** 이 책들을 빌리자.

4 **When are you going to return it?** 언제 반납할 거야?

5 **You can keep this book for seven days.** 이 책은 7일 동안 가지고 있을 수 있어.

Thema Vocabulary

Library 도서관

library card	counter	librarian	check out
도서관 대출 카드	카운터	사서	계산하다, 빌리다
return	**bookshelf**	**aisle**	**section**
반납하다	책장	통로	구역, 구획
picture book	**strory book**	**history book**	**science book**
그림책	이야기책	역사책	과학책
pop-up book	**poems**	**comic book**	**magazine**
팝업 책	시집	만화책	잡지

More Tips

도서관에 붙어 있는 안내문을 보고, 도서관에서 지켜야 할 규칙들을 알아봐요!

① Enter, leave, and work quietly.
조용히 들어오고, 나가고, 읽어요.

② Take good care of the books.
책을 소중히 다뤄요.

③ Always walk in the library.
도서관에서는 언제나 걸어 다녀요.

④ Use quiet, inside voices.
조용히, 목소리를 낮추어서 이용해요.

⑤ Don't tear the books please.
책을 찢지 않아요.

같이 보면 좋은 자료

도서관과 관련한 재미있는 그림책

책제목 **Library Lion**
작가 **Michelle Knudsen , Kevin Hawkes**
출판사 **Candlewick Press**

엄마가 그림을 함께 보며 읽어 주기에 적합한 책입니다. 도서관에 간 사자를 통해 도시관에서 지켜야 할 규칙들을 배울 수 있어요. 무드러운 색을 사용한 그림이 매력적인 책이에요. 문장이 조금 많다고 느껴지면, 번역서인 "도서관에 간 사자"라는 책을 먼저 읽고 난 뒤 영어책을 읽는 것도 좋습니다.

핵심 표현
One day, a lion came to the library. 어느 날, 사자가 도서관에 왔어요.
A nice and quiet lion would certainly be allowed to come back.
착하고 조용한 사자는 당연히 다시 와도 돼.

세이펜에 음원 파일 다운로드하기

1. 세이펜 홈페이지(www.saypen.com)에 접속하여 상단 메뉴 중에 [음원 다운로드]를 클릭하고, 로그인합니다.
2. [Saypen Pinfile PC Manager 다운로드]를 클릭하거나 [핀파일 매니저 설치 압축파일 다운로드]를 클릭하여 PP 매니저를 설치합니다.
3. [세이펜 핀파일 매니저] 프로그램이 실행되면 다시 세이펜 핀파일 매니저용 아이디와 비밀번호를 설정하기 위해 [회원가입]을 클릭하여 회원가입을 합니다.
4. 세이펜을 세이펜 전용 USB 케이블을 이용해서 PC와 연결한 후 로그인합니다.
5. [세이펜 핀파일 매니저] 프로그램에서 왼쪽 출판사명 [노란우산]을 선택하고, [일상에서 영어로 배우는 엄마표 유치원 영어(65279_bk.pin)] 도서를 체크한 뒤, [선택한 음원 다운로드] 버튼을 클릭하여 음원을 다운로드합니다.
6. 음원 다운로드가 끝나면 세이펜에 꽂혀 있는 케이블을 분리합니다. 세이펜의 가운데 검색 버튼을 눌러 [일상에서 영어로 배우는 엄마표 유치원 영어] 핀파일을 찾거나, 책 표지 좌측 상단의 동그란 [말빵세] 로고를 찍어 음원을 자동찾기 합니다. 그 후 책의 문장이나 그림을 세이펜으로 클릭하면 됩니다.

일상에서 영어로 배우는
엄마표 유치원 영어

1판 1쇄 2021년 4월 5일

지은이	레지나(노신영)
펴낸이	정연금
펴낸곳	(주)멘토르 출판사
편집디자인	MOON-C design
영어 성우	Jane
녹음	Dear Culture
등록	2004년 12월 30일 제302-2004-00081호
주소	서울시 광진구 능동로 331(중곡동, 2층)
전화	02-706-0911
팩스	02-706-0913
홈페이지	https//blog.naver.com/yellow_pub
이메일	mentorbooks@naver.com

ISBN 978-89-6305-902-0 (13740)

꼬마 판다 나나의 **말문이 빵 터지는**

세 마디 영어·중국어 그림책

말빵세

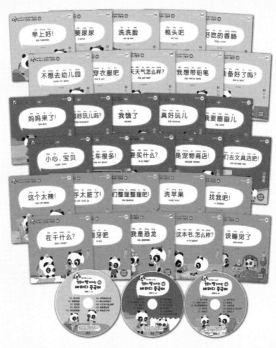

영어판

중국어판

- ○ 우리 아이의 일상을 30개의 에피소드, 30권의 책으로 구성했어요.
- ○ 아침부터 잘 때까지 매일 반복되는 300개의 문장으로 대화를 나누어요.
- ○ 패턴문장으로 반복되어 문장이 머릿속에 쏙쏙 들어가요.
- ○ 세이펜 코딩으로 원어민 선생님과 공부하듯 바로바로 정확한 발음을 익혀요.
- ○ QR 코드로 전문가 선생님의 강의를 듣고 쉽게 따라 할 수 있어요.
- ○ 일석삼조! 이제 영·중·일 세 쌍둥이 그림책으로 다국어를 쉽고 재미있게 익혀요.

구성 : 그림책 30권, mp3 음원 CD 3장

Baby English~

놀면서 배우는
노란우산 베이비 잉글리시  A set

구성 본책 보드북 4권, 플랩 보드북 4권, 사운드북 2권, 애니멀 블록북 1권 **부록** 세이펜 음원 스티커 11장, 음원 CD 1장, 가이드북 1권, 워크북 1권

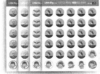

Tiny Hands   **Little Big**   **Sound Book**   **Block Book**

Let's have Fun!

놀면서 배우는
노란우산 베이비 잉글리시
Baby English~
B set

구성 **본책** 보드북 8권, 사운드북 2권, 애니멀 블록북 1권 **부록** 세이펜 음원 스티커 11장, 음원 CD 1장, 가이드북 1권, 워크북 1권

Seasons　　　**Whatever the Weather**　　　**Sound Book**　　　**Block Book**

Let's have Fun!

말문이 빵 터지는
영어 명작 동화 · 중국어 명작 동화

말빵세

+ 세계 명작 동화를 유아에게 알맞은 단어와 문장으로 구성했어요. +

+ 대화 문장으로 구성되어 유아들이 실제 사용하는 생활 외국어를 배울 수 있어요. +

+ 세이펜 코딩으로 원어민 선생님과 공부하듯 바로바로 정확한 발음을 익혀요. +

+ QR 코드로 전문가 선생님의 강의를 듣고 쉽게 따라 할 수 있어요. +

+ 영 · 중 쌍둥이 그림책으로 다국어를 쉽고 재미있게 익혀요. +

영어 명작 동화 그림책 10권, 워크북 1권, 음원 CD 2장, 포스터 1장
중국어 명작 동화 그림책 10권, 워크북 1권, 음원 CD 2장, 포스터 1장, 가이드북 1권